我国校园足球发展研究

陆东东 著

人民体育出版社

图书在版编目（CIP）数据

我国校园足球发展研究 / 陆东东著. -- 北京：人民体育出版社，2023

ISBN 978-7-5009-6343-1

Ⅰ.①我… Ⅱ.①陆… Ⅲ.①学校体育－足球运动－研究－中国 Ⅳ.①G843.2

中国国家版本馆 CIP 数据核字（2023）第 137215 号

*

人 民 体 育 出 版 社 出 版 发 行
北 京 建 宏 印 刷 有 限 公 司 印 刷
新 华 书 店 经 销

*

710×1000　16 开本　11 印张　195 千字
2023 年 11 月第 1 版　2023 年 11 月第 1 次印刷

*

ISBN 978-7-5009-6343-1
定价：50.00 元

社址：北京市东城区体育馆路 8 号（天坛公园东门）
电话：67151482（发行部）　　邮编：100061
传真：67151483　　　　　　　邮购：67118491
网址：www.psphpress.com

（购买本社图书，如遇有缺损页可与邮购部联系）

前 言
FOREWORD

发展青少年校园足球是提高中国足球普及程度和竞技水平的基础工程，是全面推进学校体育综合改革、推进体教融合深度发展的探路工程。

2009年，国家体育总局和教育部联合下发《关于开展全国青少年校园足球活动的通知》，召开全国青少年校园足球活动工作会议，研究部署开展校园足球活动的有关工作，推动校园足球工作深入发展。2013年，国家体育总局、教育部联合下发《关于加强全国青少年校园足球工作的意见》，为切实提高全国青少年校园足球活动的质量和水平指明了方向。2014年，国务院召开全国青少年校园足球工作电视电话会议，教育部正式牵头负责全国青少年校园足球工作；教育部办公厅组织开展中小学校园足球工作专项调研，全面开启全国青少年校园足球改革发展新征程。

多年来，在全国青少年校园足球工作领导小组的组织协调下，相关部门不断加强顶层设计，完善体制机制，印发《教育部等6部门关于加快发展青少年校园足球的实施意见》《教育部办公厅关于加强全国青少年校园足球改革试验区、试点县（区）工作的指导意见》《全国青少年校园足球八大体系建设行动计划》等政策文件，有效保障校园足球工作的顺利推进。当下，我国青少年校园足球工作取得了许多成效，如校园足球普及水平不断提高，场地设施建设力度持续加大，校园足球活动已初具规模等。但同时，我国校园足球发展面临着一些问题，如教学安排有待完善、训练科学化水平不高、竞赛体系不够完善、缺乏科学的评价等。

本书基于我国校园足球发展现状，分析、归纳校园足球的教学安排、训练体系的构建、竞赛体系的组建、科学评价的方法，借鉴国外校园足球发展经验，结合我国当前校园足球发展中的主要问题及其影响因素，制定适合我国的校园足球可持续发展战略，以期为我国校园足球发展提供理论参考。

目 录
CONTENTS

第一章　我国校园足球的发展现状 …………………………………… 001
　第一节　校园足球发展的必要性和紧迫性 ………………………… 001
　第二节　校园足球开展的硬件设施条件 …………………………… 002
　第三节　校园足球开展的师资力量条件 …………………………… 004
　第四节　校园足球开展的教学训练条件 …………………………… 013

第二章　校园足球的教学安排 ………………………………………… 017
　第一节　校园足球教学的任务与要求 ……………………………… 017
　第二节　校园足球教学的原则与方法 ……………………………… 024
　第三节　校园足球教学的组织与实施 ……………………………… 033
　第四节　校园足球教学的改革与创新 ……………………………… 039

第三章　校园足球训练体系的构建 …………………………………… 044
　第一节　校园足球训练理念 ………………………………………… 044
　第二节　校园足球训练控制 ………………………………………… 060
　第三节　校园足球运动员的体能素质训练 ………………………… 079
　第四节　校园足球运动员的技术素质训练 ………………………… 098
　第五节　校园足球运动员的战术素质训练 ………………………… 100
　第六节　校园足球运动员的心理素质训练 ………………………… 103

第四章　校园足球竞赛体系的组建 …………………………………… 107
　第一节　校园足球竞赛的意义、类别与组织 ……………………… 107

第二节　校园足球竞赛开展的现状与问题 ················· 109
第三节　校园足球竞赛体系的构建与完善 ················· 115

第五章　校园足球的科学评价 ····························· 120
第一节　学生身体素质评价 ····························· 120
第二节　学生技术能力评价 ····························· 128
第三节　学生自我评价 ································· 131

第六章　国外校园足球发展的经验借鉴 ····················· 139
第一节　日本经验 ····································· 139
第二节　韩国经验 ····································· 141
第三节　德国经验 ····································· 144

第七章　校园足球可持续发展的战略制定 ··················· 147
第一节　校园足球可持续发展的理论基础 ················· 147
第二节　校园足球可持续发展的动力分析 ················· 150
第三节　当前校园足球可持续发展的主要问题 ············· 152
第四节　校园足球可持续发展的主要影响因素 ············· 155
第五节　校园足球可持续发展战略的科学制定 ············· 160

参考文献 ··· 165

第一章
我国校园足球的发展现状

第一节 校园足球发展的必要性和紧迫性

一、发展我国体育事业的要求

体育强则中国强，国运兴则体育兴。党的十八大以来，习近平总书记高度关心和重视体育事业，始终从中华民族伟大复兴和人民群众的美好生活向往的高度引领体育事业健康有序发展。2010 年 12 月 29 日，中国足协特别制定了《中国青少年足球"十二五"发展草案（征求意见稿）》。2021 年 10 月 8 日，国家体育总局在《"十四五"体育发展规划》中提出了"三大球"振兴工程，要实现注册足球运动员 150 万人计划，要建立健全职业足球、青少年足球、社会足球等赛事体系。综上所述，青少年足球运动与校园足球活动的发展引起了我国政府的高度重视。

二、优化体育育人模式的要求

在足球教学的传统模式中，足球课程的核心与重点是足球运动技术教学，这一模式过分强调课堂结构，使教学模式不能适应素质教育所要求的教学目标与任务，这也使足球教师与教练员的创造性在无形中受到了不良影响，从而导致足球课程形式变得单调重复，进而使学生对足球运动的求知与求学的积极性受挫。而校园足球活动的开展是教学与体育的完美结合，有利于体育教学模式的创新发展。

三、促进青少年全面发展的要求

足球运动的相关活动和竞赛的长期开展，以及校园足球运动的不断推广与普及，使学生的运动意识和健康意识在潜移默化中得以形成，进而促进学生良好生活习惯的养成，这不仅有利于学生身体素质、健康水平的全面提高，也有利于促进学生德、智、体、美、劳等品质的和谐发展。

第二节　校园足球开展的硬件设施条件

一、重视程度情况

目前，据不完全统计，我国的中小学学校数量大概有 30 多万。校园足球活动的相关计划被提出后，开展这些活动的学校仅有 2200 所。这一数据表明，校园足球运动开展的比率十分低，造成这一局面的主要影响因素有各地经济发展存在差异，学校、家长及中小学生对这一活动的认识不足等。足球运动具有一定的强度，有时需要通过身体对抗才能完成，学校和家长经常会担忧学生会因为参加这一运动而引起一些运动性的损伤或疾病，也担心这一运动会影响学生的正常学习。此外，校园足球运动开展的目的是提高学生的身体健康水平还是培养中国足球后备人才这一问题没有得到明确，存在着分歧。校园足球运动的开展进程滞后在很大程度上受人认识不足的制约。数十年来，学校教育对"万般皆下品，唯有读书高"的价值观很是推崇，体育活动在学校教学中难以提高地位与影响力深受这一价值取向的影响。一些学校为了达到提高升学率的目的，经常占用体育课的时间，用这部分时间来督促学生学习文化课程。这种情况直接导致校园足球活动的开展只有口号与空谈，没有切实的行为来支持与参与这一活动。

二、资金投入情况

为了使校园足球运动得以顺利启动与快速发展，我国各政府主管部门不断投入大量的资金来给予其一定的保障。自 2009 年开始，每年国家体育总局都会从体育彩票公益金中提取 4000 万元（2013 年起增加至 5600 万元）作为开展校园足球运动的活动经费。然而我国是一个人口大国，这部分资金所发挥的作用仅是引导、奖励、资助及保障。全国青少年校园足球工作始于 2009 年，2015 年—2017 年三年中央财政投入校园足球的资金近 6.5 亿元。同时，计划 2018—2025 年各地将再创建 3 万所校园足球特色学校，使校园足球特色学校总规模达到 5 万所。

如今，在校园足球活动的开展过程中，最为突出的问题是对足球场地建设的投入问题。随着资金投入数量的不断加大，这一情况正在得到逐步改善。截至2018年9月，全国各级各类学校共有校园足球场地120960块。2015—2018年全国教育系统共新建改扩建校园足球场地32432块，完成了《全国足球场地设施建设规划》80%以上的工作任务。2022年，全国青少年校园足球工作领导小组印发的《2022年全国青少年校园足球工作要点》中提到，将会进一步推进校园足球场地建设，在未来的5年，将在全国新建2万片校园足球场，以有效保障校园足球的强劲发展。

校园足球运动的开展面临着资金短缺的问题，仅由国家体育总局和中国足协投入资金是无法解决这一问题的。校园足球运动的开展离不开全国各省市及社会各界力量的支持与贡献，加强各方力量的集体协作才能使校园足球活动的持续开展得到保障[1]。

制约校园足球运动开展的主要原因包括我国严重缺乏足球训练场地这一关键因素。我国的足球场地有限，而且大多数场地集中在高校校园，标准的足球场在中小学特别是小学几乎没有。目前，大部分中小学的足球训练场地都是与其他运动设施相混合的，而且足球训练设施十分陈旧，长期都不会换新，这种情况严重限制了学生足球运动水平的提高，也无法达到开展校园足球活动的目的，因此改善校园足球场地与设施十分必要。

三、组织保障情况

尽管近些年与校园足球有关的一些政策与文件被陆续出台，然而校园足球运动的开展依然受到了政策无法落实或政策规定的实际问题缺乏解决等的制约。在这些问题中，各种政策性问题如校园足球教练员的角色地位、工资补助、准入要求、培训等较为突出。对校园足球运动开展造成影响的制约因素中，体教部门的关系不密切是关键。

国家体育总局和教育部发起了校园足球活动，对这一活动的宣传与推广离不开地方体育局和教育局的合作与贡献。然而，从目前的实际情况可知，地方体育局和教育局仍是两个互不干涉的独立部门，没有建立二者的协同机制，足球比赛由体育部门或者教育部门独立的系统组织，二者几乎没有交集。

---

[1] 苏艺，苏苗. 中小学校与青少年足球俱乐部合作开展校园足球的思路探究[J]. 青少年体育，2020(11)：53-54.

由于长期以来都没有密切的沟通，二者的独立关系使校园足球管理体制与运行机制不顺畅，相关政策难以真正执行、落实，导致校园足球运动在开展中出现了许多矛盾与问题。例如，校园足球比赛的安排通常比较少，一些青少年足球运动员的竞赛水平有限，无法通过参加比赛而提高自身的实战能力与技术水平。此外，学校中还出现了足球老师和教练员职称分属不同序列的现象，极大地浪费了学校的师资，这种问题影响了校园足球活动的开展，同时对我国青少年足球的发展有不利影响。

针对以上问题，还没有十分有效的解决措施。日后要进一步要加强体育部门与教育部门的集体协作。校园足球活动的开展需要这两个独立的主管机构团结协作，发挥合力的作用，同时要有明确的分工，对优势资源积极进行整合，建立合作联动机制。倘若这一合作机制无法建立，就不能保障校园足球活动的顺利开展与持久发展。

校园足球运动的开展受到制约这一问题不仅关系到体育部门与教育部门两个系统机构，不是说只要这两个部门集体参与就能够解决这一问题，校园足球活动的长远发展需要依靠社会各方面的共同参与。尽管很多人都意识到，培养足球后备人才能够促进我国足球竞技水平和成绩的提高，然而校园足球活动的开展并没有引起社会各方面的广泛关注。所以要使校园足球运动的开展得到保障，需要使青少年校园足球活动融入整个社会的系统发展，动员多元主体参与管理，共同推进校园足球的发展。

第三节 校园足球开展的师资力量条件

一、师资力量的主要构成

校园足球师资指的是对学生进行足球指导、教育、训练、管理、宣传等相关工作的队伍。从一定程度上讲，学生参与足球运动的积极性、足球训练与学习的水平与质量，以及足球竞技水平的提高等，受到以下几种因素的影响：学校师资队伍的结构与专业素质，学校人才培养的理念、模式、方法等。所以，在开展校园足球活动的过程中，足球师资所发挥的作用是巨大的。

（一）足球教师

足球教师指的是接受过专业足球教育与训练，而且能够在学校中将足球知识与技战术传授给学生的体育教师。足球教师主要负责促进学生身体素质的提升，使学生对足球产生浓厚的兴趣并积极参与其中，促进学生足球技能水平的不断提高。作为足球教学的主导者，足球教师主要负责足球教学与训练工作，是组成中小学足球师资队伍的重要部分之一。在中小学足球教学的具体实践活动中，足球教师所掌握的足球理论知识必须要科学且丰富，这样才能保证足球课堂教学与宣传活动的顺利进行。同时，足球教师要掌握一定的足球技战术，这是保证足球训练活动顺利开展与足球比赛水平得以提高的关键。具体来说，足球教师的任务主要包括以下四点。

首先，足球教师要将足球专项运动的相关理论知识与实践技能传授给学生，使学生全面掌握足球运动。教师还要负责学生对足球运动意识和价值取向的正确确立，激发学生参与足球训练与比赛的积极性，使其自觉主动地学习足球运动的知识，从而使学生树立终身学习足球运动的理念，并使其养成良好的学习习惯[1]。

其次，足球教师有责任推进新课程标准的实现，以学生的不同性别、年龄及个性特点为参照依据，科学合理地制定足球课程、教学目标与任务、教学内容与方法、教学评价方法、考核标准等。在对学生的足球学习活动进行指导的过程中，要重点坚持的指导思想是"健康第一"，注重对学生意志品质的培养，使学生在大脑中形成正确的体育观、人生观价值观等。

再次，普通教师的工作也是足球教师同样需要履行的职责，如处理学生日常管理事务，管好班级纪律，对学生进行思想教育工作，营造良好的学习氛围，做好开展足球教学活动的准备工作。

最后，足球教师还要负责足球运动的科学研究工作，具体包括发表与足球相关的期刊论文，出版足球运动相关方面的教材或著作，参与校级、市级、省级、国家级的足球科研项目。

综上所述，足球教师的任务是繁重的，需要履行多方面的职责，这就要求足球教师要具备很高的综合素质能力，如职业道德和专业修养水平要高；足球理论知识要丰富，同时要有很好的教学能力；足球技术水平与对学生的训练能力水平要高；组织与管理足球运动的能力要高；要有较高水平的足球科学研究能力；要具备良好的沟通能力和表达能力。

---

[1] 马梦娇. 完善校园足球文化建设，促进学生身心健康 [J]. 全国优秀作文选（教师教育），2020（4）：35.

（二）足球教练员

足球教练员指的是在足球运动的训练实践中，对足球运动员直接进行培养与训练的足球工作人员。足球教练员具备的足球理论知识一定要丰富，其所掌握的技术水平与能力一定要高，并且对创新的足球训练模式与方法要有所了解，能够全面地对学生的思想意识、身体素质、技术水平等素养产生积极的影响和作用，使学生对足球运动的掌握程度在原有的水平上不断提升。

在中小学的足球教学实践中，足球教练员的主要职责是做好足球运动的训练与比赛工作，管理好球队，使学生的身心健康得到保证，并在此基础上促进学生足球战术水平与竞赛能力的提高，促进学生实战经验的丰富与能力的增长，从而引导学生在足球竞赛中获得良好的成绩，树立良好的球队形象和学校形象，也为我国足球运动发展培养高水平的后备人才，促进我国足球事业的繁荣与发展。所以说，中小学足球师资队伍离不开足球教练员这一重要力量，校园足球人才的培养质量直接受足球教练员的影响。

由上可知，足球教练员需要承担多方面的责任，因此其在学校所充当的角色也是多元化的。具体如下：

其一，足球教练员主要充当的角色是教师，其需要以青少年的年龄、性格、个性特点、足球基础水平为参照依据，对足球教学模式、内容、方法等进行合理选择，促进足球教学质量和效率的有效提高。

其二，足球教练员的教师角色与足球教师有所区别，因此要求足球教练员不仅具有足球教师所具有的基础能力，而且需要发挥其自身所特有的能力。其中，基础能力主要包括控制球队的能力，对足球技能的掌握能力，计划、组织、实施和管理足球训练和竞赛的实践能力，对足球竞赛环境的适应能力。特殊能力具体包括选材能力、拓展能力、科学研究能力等。这些能力对教练员提出了很高的要求，教练员必须是一名足球运动员，有着较高水平的足球技能，而且实战经验也要很丰富。教练员组织与管理训练及比赛活动的能力也要达到一定的水平，并且要对足球教学模式进行创新，要使训练氛围活跃，提高学生参与足球训练的兴趣与积极性。

其三，在校园足球的训练实践过程中，足球教练员要耐心地为学生解释在训练中出现的一些问题与解决措施，促进学生足球训练质量与效果的提高，使学生具备基本的足球竞技能力。此外，足球教练员还要充当心理教师，做好学生的心理工作。例如，解决学生在训练中的心理疑问，对学生在训练中出现的不良情绪进行调节，针对不同的学生进行心理辅导。

总之，足球教练员在足球教学与训练实践中，其所发挥的作用是多方面的。所以，足球教练员要不断提高自身的足球素养，也要对自身的教学能力、组织与管理能力进行主动培养。与此同时，教练员要尽职尽责，严格履行自己的职责与义务，为校园足球运动的开展贡献力量。

现阶段，担任我国校园足球教练员的一部分是来自不同级别体育院校和师范类体育系足球运动相关专业的本科生与研究生，也有一些是来自高校足球队的运动员、俱乐部教练员或运动员等。后者的足球实战经验比较丰富，足球技能水平较高，这与校园足球教练员的职位要求是相符合的。

我国足球教练员与足球教师比较而言，具有一定的等级制度。这一系统的等级制度使选拔与评价足球教练员的工作可以参考一定的指标来进行。具体而言，目前我国足球教练员主要分为五个等级，即职业级、A级、B级、C级、D级。其中，职业级与A级足球教练员可以负责高水平与职业足球队的训练工作；B级足球教练员主要负责14岁以上青少年群体和成人业余群体的足球训练工作；C级与D级足球教练员主要负责14岁以下青少年群体的足球训练工作。

目前，在校园足球师资队伍中，足球教师与足球教练员是两个非常重要的组成部分，二者的背景、个性、作用与角色都是有所区别的。通常而言，足球训练与比赛是校园足球教练员的主要工作职责，这两方面的职责主要体现在实践指导方面，而足球教师则侧重对理论知识方面的教授，注重对足球运动的普及，并且会从事相关的科研工作，主要是从理论方面培养足球人才。这两种师资力量的侧重点是不同的，但是二者相对明确的分工也是存在一定缺陷的，因此二者要在教学工作中加强沟通与交流，吸取对方的优势，弥补自身的不足，共同进步，形成合力促进校园足球乃至中国足球事业的繁荣与发展。

（三）校园足球指导员

校园足球指导员指的是具有校园足球指导员资格证书的足球教师或教练员，他们是通过参加中国足协举办的校园足球指导员的相关培训而获得证书的。校园足球指导员的足球技战术水平较高，而且具有一定的培训资格。

我国校园中的专业足球师资比较缺乏，学校中设立校园足球指导员这一岗位就是为了解决这一问题，校园足球指导员还具有宣传与推广校园足球文化的职责。足球协会在资格上对校园足球指导员提出了较高的要求，担任校园足球指导员的教师或教练员要取得 D 级以上的足球教练员证书，或者要求其参加过校园足球指导员培训（由中国足协举办），并且要获得初级以上的资格证书。在学校中，校园足球指导员也需要负责普通的足球教学与训练工作，然而其工作的重点与足球教师或教练员不同，其主要负责开展与实施校园足球活动，这就要求他们具有丰富的理论知识与高水平的足球技能。在职责和任务上，校园足球指导员与一般的体育教师相比是存在差异的，主要体现在以下两点：

一是在职责上，校园足球指导员主要承担组织与编排校园足球的比赛活动，对足球训练做出具体安排，对校园足球活动的开展进行计划与组织，并且代表学校参加校际足球联赛，这时就扮演着教练员的角色。

二是在任务上，由于足球学习与训练具有一定的特殊性，这就要求校园足球指导员组织学生进行课余训练，在训练中挖掘足球人才。此外，要推广与宣传校园足球运动与文化。

综上可知，校园足球指导员与足球教师及教练员比较而言，其具有很大的工作量，并且要具有较高的足球运动水平，运用自己所掌握的高水平知识与技能来引导学生积极学习足球知识、参与足球竞赛与训练，形成正确的足球思想观。此外，校园足球指导员的工作态度要好，责任心要强，管理与掌控能力要高，如此才能使自身的作用与价值充分发挥出来，才能更好地指导日常足球训练及竞赛的工作，才能发掘与培养更多的足球后备人才。校园足球的教学与训练能否拥有较高的质量及效率，校园足球活动能否顺利进行与发展，都直接受校园足球指导员综合素质水平的影响。校园足球运动的开展与发展需要各级学校配备充足的校园足球指导员，这是校园足球活动可持续发展的必要趋势。

二、师资力量的主要来源

随着我国校园足球活动的不断开展与普及，喜欢足球、参与足球运动的学生人数越来越多。然而，校园足球的师资力量却没有得到相应的增加与完善。一些学校在对足球教师进行选拔与聘任时，没有依据足球运动开展的实际情况来进行。这是学校中足球教师力量比较缺乏的主要原因，这一问题给学生参与足球学习与训练的积极性带来了不良影响。目前，学校足球师资主要来源于以下三个方面。

(一) 体育院校和师范类体育专业毕业生

目前，我国开展校园足球活动的学校足球师资队伍很大一部分来自体育院校和师范类体育专业。据调查分析，这些学校的整个足球师资队伍中有70%来源于此。这一部分足球师资在大学或研究生时期，参加过很多的足球训练与竞赛活动，并通过这些活动使自己的足球知识与比赛经验得以不断丰富，技能水平不断得到提高。大学或研究生学校也以促进其足球技战术水平的提高为目的精心培养他们，这主要体现在以下两个方面：

一方面，这部分师资在大学或研究生时期，学校将全面的足球理论知识及相关教育知识传授给他们，以使其关于足球运动的素养及内涵不断得到了提高。

另一方面，学校将足球教学方法、模式、心理教育方面的理论与实践知识向其传授，并且将教师资格的培训与考试方面的内容也提供给他们，以使其毕业之后能具备一名合格足球教师所应有的基本素质。

然而，调查发现，全国的校园足球布点学校中，有很大一部分尽管对单独的足球教师岗位进行了设置，但是有很多足球教师并非是足球专业毕业的，也有大量的其他体育教师来担任足球教师。而且大部分的足球兼任教师并没有受过专业的足球培训，其所掌握的足球知识与技战术水平都是不高的，甚至有一部分足球教师都没有掌握足球的基本知识，担任足球教师之后才开始有意识地学习足球，真正接受过足球专业培训的教师很少。

(二) 足球俱乐部的教练员或退役运动员

部分学校主动聘请来自足球俱乐部的教练员或退役运动员，安排他们负责学校的足球训练与比赛指导工作。这部分师资的足球技战术水平较高，而且比赛经验很丰富。他们在促进学生足球技能水平提高的过程中，充分运用了自身丰富的足球训练与比赛经验，这有利于学生向优秀足球运动员的方向发展。

目前，不仅中小学十分注重对俱乐部教练员与退役运动员的聘任，而且一些高校也十分重视将这部分师资融入自己的足球教学。在如此激烈的竞争环境下，中小学中能够对足球教学与训练进行指导的退役运动员和教练员十分稀少，在整个足球师资队伍中，这部分师资不足10%。而且，这部分师资大都出现在一些具有优秀足球传统文化的学校，其他学校中很少，甚至没有。

(三) 高校足球队的运动员和相关体育专业的学生

高校足球队的运动员和相关体育专业的学生与第一类师资来源相比，其最重要的目标就是不断提高自身的足球技战术水平，这部分学生长期都在进行足球训练，参加过不同规模的足球比赛，对足球运动技巧有全面深刻的认识，对足球战术策略也有充分的了解，而且自身的比赛经验也日渐丰富。此外，他们十分注重足球运动的训练技巧，对足球训练方法不断进行创新，而且能够灵活地处理训练中出现的一些问题。与体育教育专业的学生相比，其所掌握的足球理论知识与实践技能水平都比较高。所以说，在中小学足球师资力量中，这部分师资占据着十分重要的地位。然而由于这部分师资的学历水平较低，而且综合文化素质也比较欠缺，所以他们中很少有获得相关资格证书的，这就导致具有高技能水平的运动员无法成为足球教师。

三、师资力量的年龄结构

足球师资的足球教学经验能够从其年龄结构中直接反映出来，是否具有合理的足球师资队伍也可以通过其年龄有所反映。通常而言，教学经验丰富的足球教师年龄都比较大，他们能够很快且准确地了解学生的个性特征、身体素质水平、对足球知识的需求、足球学习的特点，并能够以此为参照依据，对足球教学与训练方法做出适当的选择。然而，年龄较大的足球教师也存在缺陷，具体表现在，这部分教师长时间都没有参与足球训练的实践活动，其对最新的足球技战术方法与技巧缺乏了解，而且其与学生的沟通可能会存在问题，二者存在代沟，使学生难以从足球学习中感受来自教师的亲和力，与学生产生了距离，这对学生的培养是极为不利的。

足球师资中有一部分是比较年轻的，这些教师主要来源于即将毕业或刚刚毕业的大学生或研究生。这类教师在大学或研究生时期接受过系统且专业的足球教育，其长期进行足球训练，经常参加足球竞赛，其所掌握的足球技战术水平较高，而且也有丰富的实战经验。与年龄较大的教师相比，其与学生的隔阂较少，能够很容易地与学生沟通，使学生愿意主动与其沟通与交流。然而，这部分教师的主要不足是缺少丰富的教学经验，没有充分认识到学生足球运动的特点，选择的教学内容与方法也不恰当。

综上所述，学校需要合理地构建足球师资力量的年龄结构，如此才能使不同年龄段的足球师资的缺陷得到有效的弥补,并且能够有效地传承学校的足球教学理念、方法及模式,以此来促进足球教学与校园足球活动不断向前发展。目前,我国开展校园足球活动处于初步发展阶段,足球师资队伍的建立与完善还需要经过一定的时间才能完成,所以,我国校园足球师资中年轻化的趋势较为突出。

四、师资力量的职称结构

校园足球师资的学历水平、足球理论知识水平和科研能力能够通过其职称结构反映出来,足球师资将足球教学的实践与经验向足球理论知识的转化能力也能够通过其职称结构反映出来,足球师资运用足球理论知识对足球训练实践进行指导的能力同样可以从其职称结构反映出来。所以,校园足球师资队伍的职称结构能够综合表现整个足球师资的专业素养与教学能力。

目前,我国校园足球教师的职称结构水平处于中低等阶段。据调查显示,我国不同类型的足球师资中,取得初级职称的师资所占的比例大,取得高级职称的师资所占的比例小。其中,没有取得任何职称的占20%,取得初级职称的占40%,取得中级职称的占30%,取得高级职称的占10%,如果用图形表示,这一职称结构呈现出金字塔的形状。造成这一局面的主要原因之一是许多学校的领导没有充分认识到足球运动的重要性,认为学生的升学率和上级的考核与足球教学无关,认为其存在是可有可无的。所以,在对教师的职称进行评定时,通常主要考虑文化课教师,足球师资的职称总是处于较低水平。这个问题的存在使足球师资对教学内容与方法进行创新的积极性受阻,不利于培养与管理足球后备人才,甚至会影响足球教学工作的正常进行。

据调查,全国足球师资的职称评定情况也是存在问题的,在占到所有足球师资的33%的初级教师中,没有取得任何职称的教师达19%,而且只有9%取得了高级职称,其中取得职称的年轻教师很少,主要是因为年轻教师的执教时间较短,所以很难对其进行职称评定。在教师看来,职称是十分重要的,教师未来的发展与职称有很大的关系,其工资多少也与职称有直接的关联,甚至其生活水平和质量也受职称的影响。倘若学校不能保证足球师资的基本生活,教师在足球教学中的积极性就会受到不良影响。因此,学校要将足球教师评定职称重视起来,善于挖掘中青年足球师资,对优秀的足球教师进行重点培养,提高教师工作的积极性与主动性。

五、师资力量的学历水平

足球教师的受教育程度和专业水平能够通过其学历体现出来,对足球教师的知识水平和教学能力的衡量也离不开学历这一重要指标。足球教师的科研水平与发展潜能一定程度上也能够通过其学历反映出来。对整个足球师资队伍结构的衡量主要是看足球师资中是否具有合理的学历结构,足球师资队伍的教学能力直接受师资学历结构的影响。此外,在足球科研工作中,足球师资队伍要取得良好的科研成绩从根本上需要合理的师资学历结构作保证。

目前,校园足球活动在全国一些城市中得到了广泛的开展与普及,在这一背景下,尽管全国校园足球布局城市的足球师资不断增长,但与足球发达国家的足球师资队伍相比,我国依然比较落后。据调查,一些学校的足球师资的学历大部分是本科以上,从这一点来看,其综合学历水平还是比较合格的。然而经过调查问卷进行分析与研究之后发现,虽然教师大多数具有本科学历,大都来自体育学院和师范类体育专业,这部分师资的文化素质与足球专业运动员相较而言具有突出的优势,但是这些教师中有很大一部分人没有接受过专业的足球训练,而水平较高的足球教师学历又比较低,没有足够的足球教学与科研能力。校园足球活动的开展因为这种矛盾的存在受到了严重的制约。

六、师资力量的继续教育

足球教练员的训练水平和训练能力能够从足球教练员的等级中反映出来,对足球教练员专业能力的衡量离不开等级这一重要指标。足球竞赛活动的开展直接受足球教练训练能力的影响。合格的足球教师不但要高质量地完成教学任务,还要积极开展足球竞赛活动,科学指导学生的训练与比赛。

通过对全国中小学的足球教师进行调查发现,这些足球教师是没有获得职业级和 A 级别职称的,这是由于通常获得职业级和 A 级别职称的足球教练主要负责的是成年队的训练工作,几乎不参与青少年训练。没有获得任何足球教练员资格证书的占绝大多数,这些足球教练大多数为普通高校的毕业生,获得 C 级与 D 级足球教练资格证的只占很少一部分。

中小学是我国开展校园足球活动的主要对象,中小学学生几乎没有任何的足球基础,足球教师面对这样的教授对象,需要在具体的教学与训练实践中给学生详细地示范正确的动作。这要求教练员能够熟练地完成各种足球技术动作，详细地讲解足球动作的重点，语言需简单易懂，使学生能够在活跃的学习环境中掌握足球基本技术动作。这些职责要求足球教师具备较高水平的足球运动能力。

足球教师的足球素养与能力在很大程度上是从其足球运动等级反映出来的，在对足球教师执教水平进行衡量的指标中，运动等级是其中之一。据调查，全国校园足球师资的运动等级普遍较低，尤其是中小学毕业后直接上岗的足球教师。一些足球教师甚至没有任何运动等级证明，只是在高校期间攻读了足球专业，导致部分学生不满意足球教师的教学质量与效果，认为足球教师不具备较高水平的执教能力，不符合自己对教师的期望。由此可见，学校要督促足球教师不断提高自己的业务能力，重点培养足球师资的技术能力，促进其运动等级的不断提升，使其具备足球专项教师应有的足球素养。

第四节　校园足球开展的教学训练条件

一、教学训练目标的制定

目前，很多学校在制定足球教学目标的过程中，比较关注阶段教育，从而忽略了终身足球教育，这与校园足球工作开展的总体目标是不符合的。而且部分学校对足球教学目标的相关文字说明不明确，对足球教学效果的阐述也比较模糊，使足球教师与学生不明白在足球教学任务完成之后，学生如何表现才能称得上实现了教学目标。与此同时，足球教学目标中指标性的描述不够充足，没有明确制定出判断足球教学任务完成的标准。这样的足球教学目标无法科学地指导足球教学实践工作。

在足球运动的理论教学过程中，大部分学校将教学目标阐述为对足球基本理论知识、训练方法、竞赛规则等的全面掌握，然而对教学目标如何实现的问题没有明确、具体的标准，这样制定出来的足球教学目标只是形式而已。足球教师讲授足球基本知识、锻炼方法、竞赛规则仅需要几节课的时间，足球课的理论教学就这样在几节课后草草结束了。而学生是否掌握了这些知识，掌握程度如何，教师没有明确的判断标准，也就无法对其进行合理测定。

二、教学训练内容的选择

足球教学内容与教学对象不符主要体现在以下三个方面：

第一，足球技术动作是组成校园足球教学内容的主要部分。对这一内容的教授是为了使学生全面而熟练地掌握各项足球技术，提高学生参与足球活动的兴趣与积极性，使其建立终身体育的观念与意识。

第二，通常，学校教师在教授足球教学内容时，大都是按照教科书的前后顺序安排的，即先讲技术、再讲战术，将足球技战术的教学内容分成两部分单独讲解。这种安排是比较合理的，因为这是按照先易后难的顺序进行的，便于学生掌握。这样的安排也反映出足球战术是以技术为基础的，使学生清楚地学习这两部分的内容。即使这样，其缺陷也是存在的，主要是这样的安排没有将足球技战术内容之间的内在联系直观地表现出来，不同足球战术对技术的具体要求也无法得到体现，足球比赛的直观情景也不能再现，导致难以取得良好的教学效果。

第三，校园足球教学内容趣味性较低，难以激发学生的学习积极性。目前，许多学校的足球课教学内容有很强的专业性与竞技性，但是忽略了其健身性，而且教学内容缺乏游戏性。足球技术是足球教学内容的主要集中点，只有很少的内容会涉及足球竞赛规则与足球游戏等趣味性较高的知识。足球教学内容的这种安排不符合学生的生活，也不利于学生终身体育意识的培养，而且大部分足球理论知识都比较陈旧，与时俱进的新知识很少，足球技术的训练方法没有得到有效的创新，这严重影响了学生参与足球运动的积极性。

三、教学训练方法的制定

目前，校园足球的师资队伍没有积极创新足球教学方法，影响了足球课堂教学的气氛，使学生的参与兴趣降低，也没有发挥主观能动性的需要，这样反过来也影响了足球教师的教学积极性。

在校园足球教学实践中，长期以来都采取的是以教师为主的传统教学方法，教师采取的教授方法也是比较传统陈旧的，其创新动机较为缺乏，足球教学监督与管理机制中，没有提出有效的措施来提高教师的创新动机。如此便使足球教学方法的丰富与创新发展受阻。教师为了尽快完成教学任务，经常将学生之间的个体差异和不同学生的主体需要忽略掉，没有遵循因材施教的教学原则，采用"一刀切"的方法对学生进行教学,没有联系学生的个体实际进行分类教学,这样不利于学生的发展与突破,而且难以取得良好的教学效果。

除此之外,在足球教学中,有些与时俱进的足球教学方法难以得到很好的运用。现阶段,虽然较为先进的手段如电化教学、录像或投影教学、课件教学在学校被运用,而且足球教师与学生也对其十分喜欢,但大部分学校只是偶尔使用,而且对这些先进教学手段的使用也存在较大的局限性,主要包括以下两个方面的原因:

第一,有些学校没有足够的多媒体教室,不可能在所有的理论课教学中都使用多媒体,而且受传统教学意识的影响,学校大都注重文化课的教学,因此多媒体教室会优先在文化课的教学中被使用,因此,在足球教学中就很少被安排使用这些设施。

第二,市场上流通的足球教学课件在数量上是有限的,足球教学要想对这些课件加以使用,就要求足球教师自己制作,但是一些足球教师的计算机操作水平较低,因此制作课件就比较困难,甚至根本无法对课件加以制作,这也是先进教学手段难以在足球教学中得到运用的主要原因之一。

四、教学训练活动的组织

现阶段,我国校园足球的课堂教学与课余训练的关系较为松散。多数足球教师认为,课余训练对提高学生的技术水平没有太大的帮助。因为体育教育专业必修课的教学课时数不断减少,而招生制度也比较重视文化成绩,一些足球教师建议学生充分利用课余时间进行锻炼。然而,事实上许多校园足球的教学仅在课堂上实现。大部分学生利用课余时间进行自主训练,这对能够较快在课堂上掌握足球运动知识的学生来说,没有产生明显的影响;然而对那些无法在课堂上较快掌握足球运动技能的学生来说,训练效果往往不好。

(一)训练时间不足

校园足球的训练与足球职业队或半职业队的训练是不同的。对校园足球进行训练之前,先要保证文化课的顺利进行,文化课通常占有较多的时间,因此就使足球训练的时间不足。据调查,现阶段很多地方学校在校园足球训练实践中,没有明确每节训练课的训练时间和内容,有些学校一节训练课只有45分钟,一节课的训练任务在这有限的时间内是难以完成的。

东北地区在冬季是极其寒冷的，在室外进行长时间的足球训练是不可能的。据调查，在冬季，校园足球训练大部分是进行足球比赛和身体训练的，几乎没有涉及对足球技战术的训练，这不利于学生足球技战术水平的提高。与南方校园足球训练相比较，北方校园足球训练会在冬季处于训练停滞期。因此，怎样在冬季进行足球训练是相关部门所要解决的主要问题之一。

（二）训练次数有限

校园足球的训练次数是有限的，根据数据显示，每周足球训练的次数不会超过5次，这与职业队的全天训练相比，是有很大差距的。怎样在文化课学习不受影响的条件下，适当增加学生的训练次数，这是现阶段促进校园足球整体能力提高需要解决的重要问题。

（三）训练系统不完善

据调查，学生的足球技术动作已经基本定型，自身的足球技术特点已经形成。在这一基础上，想要提高学生足球运动能力的关键是完善训练系统引导学生灵活地运用足球技术，引导其在比赛中学会配合使用战术。中学阶段是一个承上启下的关键阶段，学生一定要树立足球技战术相互配合的思想，如此才能取得优异的比赛成绩，从而为其进入职业足球队做好准备。此外，足球运动属于团体运动中的一项，只有队友相互默契配合才能在足球比赛中取得优异的成绩。因此，对足球运动来说，战术配合极其重要。

（四）体能训练没有引起重视

足球教师要注重学生的足球体能素质训练。校园足球在比赛中，有一部分是体能的较量，其与技战术的训练都是十分重要的。因此，中小学阶段要关注学生的体能训练，如何在足球训练中对学生进行相关体能训练，如何提高学生的身体素质水平，这是足球教练员需要解决的主要问题。据调查，校园足球的训练中，学生的技战术水平是参差不齐的，而且平均技战术水平比较低。造成这一现象的主要原因之一就是没有对体能训练这一重要的训练手段引起足够的重视。加强体能训练的强度，能够促进学生技战术水平的有效提高，同时能够增强学生的身体素质。

第二章 校园足球的教学安排

第一节 校园足球教学的任务与要求

一、校园足球教学的任务

(一) 全面提高学生的身体素质

良好的身体素质是个体从事体育运动必要的基础。因此，足球运动要求学生必须具备充沛的体能和良好的运动技能。通过足球运动的教学，不仅能够促进学生身体正常发育，全面提高其身体素质，增强其体质，而且能使学生的身心得到很好的发展。要想较好地学习和掌握足球的技战术，增强学生的运动能力，就必须提高学生的身体素质。

(二) 培养学生欣赏和参与足球运动的能力

在校园中生活和学习的学生是足球运动最主要的关注者和参与者，而随着足球运动的发展，更多的年轻人会被吸引成为球迷。起初，人们对足球的欣赏几乎都处在表面的状态，俗语为"看热闹"。而校园足球教学可以有效地培养学生对足球运动的兴趣，使学生掌握足球运动的基本知识，提高学生足球运动能力和欣赏足球赛事的能力，增强学生的足球素养和意识，慢慢地将"看热闹"变成"看门道"，使其在关注进球的精彩程度的同时注意双方的技战术打法。同时，它可以有效地发挥学生的智力和知识结构的优势，使其开阔眼界，拓宽思路。

首先，现代足球运动无论从技术还是战术方面都朝着"全面、快速、娴熟、简练、强对抗"的方向发展，这就需要体育教师在进行足球技战术教学的过程中，要随时根据学生的生理、心理、智力特点适当调整教学内容和方法，力求确保教学的趣味性和目的性。切记不要急于教授高深的足球理论或战术打法，应使学生由浅入深、由易到难地逐渐掌握足球技术和练习方法，从而获得参与足球运动的基本能力。

其次，在校园足球战术的教学中，体育教师除应详细地讲授足球技战术知识外，还应注重培养学生对足球运动的兴趣与爱好，适当安排足球欣赏课以提高其欣赏能力，并把足球运动的理念和终身踢球的习惯灌输到学生的主观意识中去，使其受益终生[1]。

（三）促进学生德、智、美素质的全面发展

1. 校园足球教学的德育任务

在学校体育教学中，之所以能够将足球运动纳入学校体育教学内容，主要原因在于足球运动本身具有极强的教育性，这种教育性在对学生思想品德方面的教育表现得极为突出。具体来说，足球教学的德育任务，主要包括以下四个方面：

（1）校园足球训练紧张、对抗激烈、生理负荷大，要求学生克服内心障碍和外部障碍，以坚定的意志和顽强的毅力克服和战胜足球运动中遇到的各种困难，在遵循道德规范和准则的情况下，通过努力实现自己的目标。因此，校园足球教学与训练，要促使学生形成良好的个性心理品质，培养其良好的意志品质。

（2）由于现代学生大部分是独生子女，其自我意识愈发强烈。这种自我意识有时会演变成自私，即忽视大众的、集体的利益。校园足球组织严密、竞赛规则严谨、技术规范严格，要求学生在运动中必须服从集体的需要，要融于集体之中，正确地处理个人与集体、自由与纪律、个性与共性的关系，规范个人行为，加强组织纪律性。因此，校园足球严格、生动的教学与训练，要加强学生的组织纪律性，使其形成良好的道德意识。

（3）足球运动在具体规则的约束下，始终沿着固定的方向发展。在校园足球教学与训练中，尊敬教师、尊重对手、团结队友等行为会受到人们的赞赏和喜爱。反之，动作粗野、无视规则、个人主义等行为会受到处罚和谴责。因此，校园足球的教学和训练要为学生营造一个强制而又自然的环境，促使学生学会控制

---

[1] 仓敏超，陈莉，王晓. 百花齐放，育人为本——推进校园足球健康发展[J]. 体育教学，2020，40（9）：76-77.

和约束自己的行为，形成良好的道德风貌和行为习惯。

（4）足球运动是一项由每队 11 人组成的团体竞技运动。足球比赛的获胜来自以积极、健康的道德情感作为基础的队员之间的协调配合和统一行动，这种道德情感是所有队员共同的责任感、荣誉感的精神升华。因此，校园足球教学与训练应培养学生的集体主义精神，培养其与人交流、共同协作的能力，以及增进其良好的道德情感。

2. 校园足球教学中的智育任务

智力涉及的方面有很多，其具体表现为人的注意力、观察力、记忆力、想象力、思维力、分析判断能力等。在校园中开展足球教学活动，有利于学生智力水平的提高。学生学习足球运动的基本知识，发展运动记忆，在培养技战术的过程中分析和评价自己的行为，有利于全面促进自身智力水平的提高。这既是智育所要完成的任务，又是足球教学的目标。足球教学的智育任务主要包括以下四个方面：

（1）训练学生的记忆力：足球教学对培养学生记忆的敏捷性和正确性有重要作用。第一，足球教学的实践性决定了大部分时间都在户外上课，这就要求学生在上课期间迅速识记教师的理论讲述、动作讲解、动作示范等学习内容，并且能在实际练习中记忆动作之间的联系、完整技术动作的先后次序和外在形象，以联想和内生的方式在头脑中形成正确的技术动作的运动表象，在完成动作的过程中训练记忆的敏捷性。第二，足球技战术是连续性活动，由若干技战术环节组成。足球练习和比赛的成功都建立在正确的技战术环节组成上，任何失误都有可能导致被动和失败，这样足球技战术的训练就对学生的记忆的正确性提出了高标准和高要求。

（2）开发学生的想象力：想象是在人们头脑中对过去感知的形象进行再加工产生新形象的过程。在校园足球教学中，学生通过想象、模仿、表现去不断地体验技术动作和战术活动。尤其是在足球比赛中，场上的情况瞬息万变，参与比赛的学生随时要对不断变化的情况做出应变反应。例如，为了进攻得分就需要在进攻时不断发挥想象力和创造力，攻其不备、攻其弱点。如果学生在踢球时没有进行思考和想象，那么比赛将会显得死气沉沉，毫无欣赏价值。由此可见，足球教学应着重发展学生的想象力。

（3）培养学生的观察力：足球运动要求参与者瞬间反应、判断并完成动作，因此经常参加足球运动能提高学生视觉、听觉等方面的感觉敏感度。在校园足球教学中，学生学习各种足球动作，不仅要通过观察教师的示范动作来建立动觉表象，然后做出符合要求的动作，还要在技术动作的多样性、复杂性及场上多变的环境中控制自己注意力的稳定性，同时要观察队友和对手的变化，并在瞬间迅速进行决策。因此，校园足球应培养学生观察的敏锐度和选择对象的精细度。

（4）提高学生的思维力：校园足球要有效地提高学生的创造性思维能力。首先，在校园足球教学中，学生通常是在快速激烈的情况下思考问题，因此学生必须迅速地评估情况并果断地放弃错误的想法，同时做出正确的决定，由此可以提高思维的速度。其次，足球比赛往往情况多变，参赛双方都想控制对方和摆脱对方的制约，这就需要学生根据实际情况机动灵活地调整战略战术，及时应对场上的变化，从而使思维的灵活性得到锻炼。再次，足球技战术多样、球场赛势多变，能促使学生积极地进行思维活动，因此，校园足球教学与训练可以使学生思维的高速度、灵活性、独立性得到显著提高。最后，学生在参与足球运动时，对于场上各种情况的分析和判断都是独立的，有助于学生思维独立性的提高。

3. 校园足球教学的美育任务

美是每个人都追求的，没有人会拒绝美的事物。体育也是美的一种表达方式，它体现了一种健康美、运动美（包括技术美和战术美）和意志品质美等。健康美是人体美的最基本的表现形式。技术美则是人体美和动作美的有机结合，显示了人的本质力量及体育美丰富多彩的内容。意志品质美主要表现为体育运动所需要的原则和精神。此外，还有建筑美和服饰美等。足球运动的美育任务主要包括以下四个方面：

（1）培养学生对美的感受能力。美具有形象的感染性，离开了感性认识就谈不上审美感知。教师在校园足球教学中要正确引导学生的意识倾向，鼓励学生在运动中尝试美的内在体验和自觉的审美意识。同时，从体育和卫生的角度来训练和保护学生的感觉器官，以利于学生日后健康地参加审美活动。

（2）培养学生对美的欣赏能力。体育教师在校园足球教学中应注意把竞技常识与美学原理结合起来，系统地传授足球知识，以培养学生在视觉上的运动美感，使学生通过亲身参与足球运动来培养自身肌肉上的美感。

（3）培养学生对美的评判能力。体育教师在足球理论方面的教学中，要注重对技战术原理的教学，让学生明白每种技战术的使用目的和使用时机，使学生能够"会看球"和"看懂球",从而对足球比赛拥有深刻的理解,如明确在何种情况下使用防守反击战术,在何种情况下使用长传冲吊战术等。

(4) 培养学生对美的表现能力。一般人只能将审美意识反作用于生活,而具有艺术创作才能的人可以根据运动的各种艺术形式,创造出比体育现实更集中、更强烈的艺术美。因此,在足球教学中实施美育的特殊性就表现在如何培养学生健美的身体,以及与之相应的美的思想和美的行为。一方面,在校园足球教学实施美育,应通过对健美的身体的塑造,使学生形成健康的审美观。另一方面,校园足球教学在实施美育的过程中,不仅要培养学生对足球运动的兴趣和爱好,使之形成良好的体育作风和文明行为,还要培养学生热爱美、鉴赏美、表现美的情感,培养学生的自信心、独立性和创造力。

二、校园足球教学的要求

(一) 注重增强身体素质与促进全面发展相结合

校园足球的教学应在增强每个学生体质的基础上,使所有学生的身体素质、心理素质、智力水平、美育能力等各方面都得到发展。因此,校园足球教学应做到以下三点:

(1) 树立现代校园足球教学价值观。现代体育教学的价值观对校园体育教学提出新的要求,校园足球教学不仅要具有改变学生生物学特征的生物学价值,还要具有对学生进行心理学、教育学、社会学、美学教育的价值。这些价值观是衡量校园足球教学质量的重要标准。

(2) 完善校园足球教学工作计划。教师在制订校园足球教学计划和编写教案时,既要突出足球的专项特点,也要保证教学活动对学生身体的全面训练性,更要结合足球教学促进学生身心的全面发展。

(3) 丰富教学内容和方法。在校园足球教学的准备阶段、实施阶段、复习阶段、评价阶段,要结合学生的身心特点和个性特征,采用丰富的教学内容,运用多样化的教学方法和手段,促进学生的全面发展。

(二) 注重教师的主导性与学生的能动性相结合

现代体育教学不仅摒弃了以往简单的灌输式教学方法,而且更倾向于发展师生双向互动的教学活动。在校园足球教学中,教师应根据学生适龄的身心特点,处理好师生关系，充分发挥两个教学主体的主观能动性，积极地进行教与学的活动。教学应以体育教师为主导，充分调动学生参与的热情和练习的兴趣，需要做到以下三点：

（1）树立正确的教学观。在校园足球教学中，正确处理师生关系，提高教师和学生双方的积极性，克服"教师中心论""学生中心论"的片面教学思想和观念。

（2）以教师为主导。在教学实践中，教师应及时提高自身的教学水平和专业素质，做到学识渊博、技术全面、平等待人。同时，教师应不断提高足球教学的艺术性和启发性，培养学生良好的学习动机和兴趣。

（3）充分调动学生的能动作用。主观能动性是提高学生效率的有效动力，教师在教学中应充分调动学生的主观能动性，指导学生明确学习目标，使他们能开动脑筋积极主动地学习，大胆地进行实践。

（三）注重循序渐进与系统性相结合

人们对于新鲜事物的学习一般都会本着循序渐进的原则进行，技战术等较为复杂的足球运动就更应如此。足球运动的教学实质上也是一个渐进的、系统的过程。这个过程一方面体现在教师在足球教学中应按照科学训练的规律，使教学内容由易到难、练习方法和组织形式由简到繁、对抗强度由弱到强、运动负荷由小到大地发展；另一方面足球教学中的各种技战术应是环环相扣、紧密衔接的，它由规律的不同周期组成，一个周期又可以分为不同阶段，各周期、各阶段的教学和训练任务不同，教师在教学和训练中应注意各周期、各阶段内容的互相关联和承接[1]。

（1）教学内容由易到难。以学习足球传球技术为例，可先从脚弓传球和传地滚球开始，在此基础上再学习其他的传球技术，进而进行长传球与过顶球技术的教学。

（2）练习方法和组织形式由简到繁。在足球技战术练习中，可先让学生从模仿练习开始，而后独立实践，再到局部对抗，最后进行整体训练。

（3）对抗程度由弱到强。足球的技术练习必须遵循由无对抗到有对抗，由弱对抗到强对抗的过程，最后进行实战接受检验。

---

[1]李功.开展班级组内足球赛为校园文化建设注入钢铁基因[J].当代体育科技，2020，10（20）：23-25.

(4) 运动负荷由小到大。运动负荷的安排应当遵循波浪式增大的规律，在组织训练时，教师要注意处理好负荷与恢复的关系。

(5) 教学与训练要有系统性。足球教学与训练是由不同周期、不同阶段、不同任务组成的过程，系统的教学与训练能积极、有效、科学地提高学生的技战术水平。

(四) 注重感觉、思维与实践相结合

足球运动几乎涉及所有身体部位的锻炼，除此之外，它还对人的神经系统和大脑思维起到重要的锻炼作用。在进行运动时，学生集感觉、思维与实践于一身，灵活机动地处理运动中遇到的各种情况和问题，快速进行分析并做出正确的判断。因此，在校园教学过程中，教师应做到以下三点：

(1) 在教学中，教师要经常利用多种形式的直观教学手段。例如，在校园足球教学中，教师除了要沿用传统的体育教学示范法与语言提示法等手段外，还要在条件允许的范围内，与时俱进地使用照片、录像、电影等直观教学方法和手段进行教学和组织观摩比赛，使学生能在较短时间内对技术动作有最为直观的感受，并建立起正确的技术动作表象。

(2) 运用直观感觉手段要有针对性。足球运动教学的直观性还要求具有一定的针对性，原因是广大学生在性别、年龄、身体素质、运动经历、理解能力、基础知识和技能等方面存在差异。因此，在校园足球教学中，体育教师不应搞"一刀切"似的教学，尽管这种方式最为节省时间，但在追求教学质量的现代教育理念中，需要在尽可能多的实践中分析不同类型学生的学习需求，以期让教师能够更有针对性地向不同学生群体开展教学工作，如对于水平较低者相应多采用示范、图像等直观手段，对于水平较高者多使用形象化语汇描述技术动作。

(3) 正确处理感觉、思维与实践的关系。在校园足球教学实践中，直观感觉方式的运用有助于学生建立正确的动作表象，但要达到对动作的结构、要点及动作正误界限的理解，还必须引导学生克服单纯机械模仿、重复的问题，积极思考，加强运动思维，培养发现问题、解决问题的能力，鼓励学生大胆地将知识、思维与实践有机地结合起来。

(五) 注重综合性与实战性相结合

足球教学的综合性，是指在足球教学中把技术、战术、体能、心理和智力等各方面有机地结合起来，进行综合性训练，并力求教学训练能更接近实战情景。教学的根本目的是使学生在足球运动临场比赛时能够良好、顺畅地将技战术应用出来。因此，为了更好地达到这一效果，就需要根据比赛的客观规律与要求制定日常教学内容和教学方法。足球运动是一项经常存在身体接触和高强度对抗的激烈运动项目，需要在日常的教学训练中加入对抗的因素和模拟实战的条件，从而提高练习的实战性，具体包括以下五个方面：

（1）不同技术结合。在校园足球教学中，教师应根据比赛的需要，将不同的足球技术合理地串联和搭配起来并组织学生进行练习，最终根据学生的水平高低决定技术搭配的数量和难度。

（2）技战术与身体素质结合。身体素质是足球技战术运用和发挥的基础。因此，在校园足球教学中，教师应科学地安排练习的组数、时间、密度、强度和运动量，从而使身体素质与技战术都得到提高。

（3）技战术与意识结合。意识是足球技战术的灵魂和生命。在校园足球教学中，教师应根据足球比赛的客观规律来设计和组织练习，加强对学生正确足球意识的培养，使学生提高运用技战术的能力。

（4）技战术与对抗能力结合。对抗能力是足球技战术运用的根本保证。因此，在校园足球教学中，教师应根据学生技战术掌握的熟练程度加入适宜的对抗性因素。

（5）在模拟实战中练习技战术。根据循序渐进的教学原则，起初学生接触的足球教学是在没有身体接触和对抗的基础上完成的，而实际上足球运动却并不是这样的，激烈的身体对抗性才是足球运动的本质特点。因此，在学生基本掌握相关运动技术后，体育教师就应该适当加入一些身体对抗性练习，或是安排学生在模拟实战的气氛和状况下进行练习，使训练能更好地为比赛服务，提高学生的积极性。

第二节　校园足球教学的原则与方法

一、校园足球教学的原则

（一）主体性原则

校园足球教学的主体性原则，是指在体育教学中，教师选择的教学方法、教学内容等一系列与教学活动相关的事宜都不应与学生的需要和特点相脱离。学生也要在教师的指导下积极配合教学工作，并在充分发挥自身主体性、自主性和创造性的基础上更多地掌握足球运动理论和技战术知识。校园足球教学中遵循主体性原则应注意以下五点：

（1）校园足球教学是教与学的双向活动。教师在足球教学中要尊重学生的主体地位，体现学生的主体精神，充分发挥学生的积极性、创造性，引导学生积极思考、勇于探索、刻苦训练，自觉掌握足球理论和技战术方法，提高自主观察问题、分析问题和解决问题的能力。

（2）发挥教师的主导作用。足球运动对动作操作思维、战术思维和快速反应能力的要求都很高，因此，在校园足球教学中，教师要以提高学生的运动能力和思维能力为核心，运用设疑、联想、比较、形象等教学方法，充分启发学生的积极思维，从而最大限度地挖掘学生的运动潜力。

（3）引导学生明确学习目的。学习效果与学习动机密切相关。如果学生的学习目的不明确，学习动机不正确，就不可能自觉、积极地学习，也不可能长期保持自觉、积极的学习状态。

（4）培养学生学习足球的兴趣。兴趣是形成学习动机的重要因素，它可能是暂时的，也可能转化为长期的主动学习动机。足球运动的趣味性较高，在教学中，教师应采取丰富多样的教学方法，使学生对足球运动的兴趣转化为执着的热爱，使其学习的积极性更高、更持久。

（5）建立民主平等的师生关系。在足球教学中，创造一个生动和谐的教学环境很重要。在教学实践中，教师要承认学生的个性差异，采用科学的方法发展学生的个性。建立民主的师生关系，平等地对待每个学生。

（二）实效性原则

校园足球教学的实效性原则，是指足球运动教学活动要本着从学生学习的实际出发，认真了解和解决教学过程中遇到的主要矛盾和次要矛盾，使教学更加具有针对性、专业性和务实性，以求在有限的教学时间内，使学生更多、更快、更好地掌握足球运动知识和提高身体健康水平。校园足球教学中遵循实效性原则应注意以下三点：

（1）选择合理的教学方法。教学方法是实现教学目的、完成教学任务的手段，直接影响教学任务的完成和教学质量的高低。教师在足球的技战术教学中，要深入研究教材和教法，充分利用现代化的教学方法和手段，精讲多练。

（2）经常调查研究。这要求体育教师在足球运动教学中不能仅满足于现有的足球教学理念和标准。时代在发展，学生们对于足球运动学习的需求也在发生着变化，因此教师要不断发现新问题，分析并找出解决问题的方法。在校园足球的教学过程中，教师应重视教学的实际效果，根据学生的实际情况及时调整教学方法和练习形式。

（3）用唯物辩证法指导教学工作。校园足球教学中，教师要从实际出发，把握事物的本质，全面、准确地把握教材内容，深入地分析技战术内涵，抓住教学难点和教学重点。

（三）直观性原则

校园足球教学的直观性原则，是指教师利用学生的感官和已有经验，以最为直接的视觉、听觉和肌肉本体感觉作为信息接收方式，使其快速在大脑中建立起对足球技战术的生动表象和感觉，以此达到掌握足球技战术、发展思维能力的作用。通常在现代校园中，足球教学经常采用的直观教学有动作示范、战术板讲解、视频、技战术演示图片等形式。校园足球教学中遵循直观性原则应注意以下三点：

（1）明确教学目的和要求。教师要根据教学任务、教材特点、学生情况等，有目的地使用直观教学方法。例如，对水平较低的学生，宜多使用动作示范、技术图片等，也可以把学生的动作录像重放，与正确的技术动作进行比较，纠正学生的错误动作。

（2）在教学中充分利用学生的视觉、听觉及肌肉本体感觉，使学生明晰足球技战术表象，激发学生的学习积极性。

（3）要善于启发学生的思维。学生正确表象的形成离不开积极的思维活动，因此，在教学实践中要不断启发学生的思维，并使其与技战术练习活动紧密结合起来，以提高教学质量和教学效果。

（四）循序渐进原则

校园足球教学的循序渐进原则，是指教学要按照学科的逻辑系统和学生的认知规律，由简单到复杂、由低级到高级、由单一到组合，循序渐进地组织教学，使学生逐步掌握理论知识与技战术。校园足球教学中遵循循序渐进的原则应注意以下三点：

（1）注意教学内容的系统性。体育教师应根据教学大纲的要求，合理安排教学进度和课时计划，使教学进度符合足球运动的规律，使教学活动由易到难、由简到繁，使训练从无对抗到有对抗，逐渐增加运动量。

（2）注意教学方法的系统性。体育教师应根据足球技战术形成的规律，从认知定向阶段（泛化阶段）、巩固提高阶段（分化阶段）到熟练阶段（自动化阶段），依次依据动作技能形成的阶段性特点组织教学，并针对不同阶段采取不同的教学方法。

（3）注意安排适宜的运动负荷。运动负荷是足球教学课计划的重要组成部分，在校园足球教学中，要合理地安排恰当的生理和心理负荷。在校园中，大多数学生没有参加系统足球训练的经验，他们的身体素质不尽相同，因此，为学生安排符合他们身心特点的运动负荷就显得很有必要。负荷太小，不能引起机能和心理状态的变化，也不能发展体能，更无法满足学生对足球学习的需求；然而负荷太大，又会过度透支学生的体能，且运动中还极易造成运动损伤。

（五）因材施教原则

在校园足球教学过程中，体育教师"教"的对象是全体学生，教师对全体学生提出的是统一的教学要求。但是教师也要注意每个学生的身体素质与能力水平是有差异的，因此要贯彻因材施教的原则，具体要注意以下两点：

（1）坚持从客观实际出发。教师因材施教的前提条件是全面了解学生的身体素质与个体差异。教师全面了解学生的主要途径是调查研究，调查的主要内容是学生对足球的兴趣与爱好、身体素质等基本情况。只有了解学生的这些情况，认识到学生之间的差异，才能更好地因材施教。学校的客观条件是校园足球教学贯彻因材施教原则需要考虑的因素。其中，对足球教学产生影响的因素有季节、地区、场地器材等。在制定足球教学目标时，教师需要综合考虑教材、学生特点、组织教法及上述各方面的客观条件，从而更好地贯彻因材施教原则。

（2）从整体上把握。在足球教学中，教师努力的目标是全体学生足球运动技能的提高与发展。制定足球教学计划、教学目标和要求时，应符合大多数学生的实际能力。同时，要兼顾足球基础较好和较差的两类学生。努力为第一类学生创造更好的条件，鼓励他们积极参加课余足球训练，努力提高专项成绩。与此同时，要热情、耐心地帮助基础差的学生，使他们在原有的基础上逐步提高足球技战术水平，完成足球教学的要求。

（六）巩固提高原则

在足球教学中加强师生交流，可以使学生经常复习所学的足球知识、技战术，并且不断地提高健康水平、足球技能和思想品质。而且通过交流可以及时了解学生的学习效果，让教师能有效地调节、控制教学过程，提高足球教学效果。因为根据遗忘规律和运动条件反射建立与消退的理论，学生学到的知识与技能在一段时间内，如不经常复习就会遗忘或消退。另外，根据"用进废退"原理，学生对所学习的足球技能进行反复练习时，有助于发展运动能力、身体素质和生理机能，起到强身健体的作用。因此，要注意巩固提高所学到的足球知识和运动技能。遵循巩固提高原则需要做到以下四点：

（1）利用讲解、示范、练习、提问、评价等方式，保证师生间及时传递信息。根据信息有效性的原则，信息传递得越及时，损耗越小；信息的准确度越高，所产生的教学效果越好。也可以通过提问、考查、竞赛等方式，巩固提高体育知识、技术和技能。

（2）增加运动密度和动作重复的次数，反复强化，不断巩固运动条件反射，提高技术水平、身体素质和体育能力。

（3）教师要给学生布置适量的课外足球作业或家庭足球作业，将课内课外结合起来，达到巩固提高的目的。

（4）不断提出新的学习目标，培养学生进行足球运动的兴趣和进取动机。

（七）身体全面发展原则

在足球教学过程中，促进学生全面协调发展的基础是选择和安排全面多样的教材内容，指导学生进行全面的身体锻炼。只有这样，学生的身体才可以得到全方位的发展。贯彻身体全面发展原则要做到以下两点：

（1）对足球教学大纲提出的教学目标和教学要求进行综合贯彻。在足球教学中，要引导学生积极地学习校园足球教学大纲的精神，自觉遵循足球教学大纲所提出的要求与目标。为了更好地制订足球教学计划，保证学生身体素质能够得到全面发展，体育教师要注意合理搭配足球教材。

（2）在足球课堂教学中，应始终贯彻身体全面发展的原则。一节足球课的理想教学如下：首先，足球课的准备部分，加强学生全身各部位肌肉、关节、韧带的活动，让学生充分伸展肢体，为完成足球课的目标奠定基础；其次，足球课的基本部分，要加强学生上肢与下肢的练习；最后，足球课的结束部分，指导学生通过一系列活动来放松身体。

二、校园足球教学的主要方法

（一）讲解法

讲解法是指在教学过程中教师为了使学生通过"听"来感知教学内容，采用简练准确的语言来对相关教学内容进行分析的方法。讲解内容主要包括技术动作的方法和要领、战术配合的方法和要求、运动过程中的注意事项等。在校园足球教学实践中，教师运用讲解法应注意以下五点：

（1）讲解要明确。教师在讲解之前要有明确的目的。在足球教学过程中，教师的讲解必须根据教学目标、教学内容、学生特点等来具体地选择讲解内容、讲解方式、讲解速度、讲解语气等，在讲解过程中要抓住重点与难点，做到有目的性、有针对性。

（2）讲解要正确。所谓的"正确"包括两方面含义，一是教师的讲解不能脱离学生的知识范围和结构，应在学生的接受能力范围之内，即教师讲解的广度和方式要符合学生的体育基础和已有的知识经验，利于学生接受；二是教师的讲解内容要符合科学技术原理，而不能是不规范的内容。

（3）讲解要生动。生动地讲解可以帮助学生在头脑中建立正确的动作定型。试想一下，如果教学仅是通过语言讲解传达知识的，那么将显得多么单调。肢体语言的加入是对语言讲解的一个非常好的补充，简单的语言并不能让学生深刻地认识技术动作。因此，教师必须善于借助学生已经接触过的事物或已经学过的运动技术与教学内容产生联系，以便使学生更好地理解动作。

（4）讲解要有启发性。运用对比、类比、提问等方式进行的启发性教学手段有利于学生进行积极思考，使学生举一反三、触类旁通，让学生将看、听、想、练各种感官动员起来。

（5）讲解要注意时机与效果。在体育教学过程中具体表现为：在学生面对教师、注意教师时进行讲解；在学生练习过程中或背对教师时尽量少讲解或不讲解。

（二）示范法

示范法是指教师在校园足球教学中以自身的动作作为足球技术动作教学的范例来对学生的训练进行指导的方法。这种方法可以使学生对所学动作的结构、形象、技术要领和完成方法有所了解，从而有助于学生建立正确的动作表象。在足球技术教学过程中，教师通过运用正确、优美、轻快的动作向学生进行展示，可以进一步调动学生学习的兴趣。另外，在实际的教学过程中，将示范法与讲解法相结合，可以使学生清晰地认识和理解足球技术动作的结构和特点，从而建立完整的动作概念。

在足球教学中，教师在运用示范法时，需要注意以下四个方面：

（1）示范目的要明确。足球教学中的动作示范要突出足球教学的重点和难点，而且对于技术基础差的学生还应注意适度的问题。特别是对于年龄较小的学生，过多的示范往往会对他们识记、辨别、记忆动作产生影响，导致他们提取信息失败。因此，在足球教学的初始阶段，教师要抓住足球技术的关键动作进行示范，以便给学生留下更为清晰的动作表象和记忆。

（2）示范要正确、熟练。根据学生接受能力、模仿能力和好奇心都较强的特点，在足球技术动作不规范时，教师要严格按照规格要求来完成动作技术，要准确无误地把握好动作的准备姿势、行进方向和结束时间。只有正确的动作示范，才能使学生更好地建立正确的动作概念和动作表象。正确的动作示范既可以使学生掌握正确的动作，同时可以给学生轻快的感受，激发学生的学习兴趣，避免产生畏难情绪。

（3）示范要便于学生观察。在进行动作示范时，教师要选择合适的示范面、示范速度，以及学生观察示范动作的距离和视角，以便学生可以观察到整个动作的示范过程。示范面要根据需要来选择，即不同的需要采用的示范面也有所不同。通常采用的示范面有正面、侧面、背面和镜面四种。教师在运用示范与讲解时还可运用正误对比的方法，通过各种直观教具的演示和提示来启发学生对正确和错误动作进行观察、对比、分析，明辨是非，以便更好地掌握正确的技术动作和战术方法。在开始进行示范时，应以完成动作的正常速度进行示范，以使学生建立起完整、正确的动作表象。若想更好地突出动作的某些重点部分，就要以较慢的速度进行示范。此外，若一些动作无法利用慢速来进行示范，可以借助其他的直观教具来完成，如观看录像、图片等。对于学生观察动作示范的距离，教师应根据动作示范时所需的活动范围、学生的人数和安全需要来调整。无论示范距离远或近，都要以学生能够看清楚为准。

（4）示范、讲解与启发学生思维相结合。在教授足球技术动作的过程中，只有使学生的听觉和视觉器官同时利用起来，才能获得更好的教学效果。示范是通过视觉器官作用于人体，而讲解是通过听觉器官来对人体起作用的，示范与讲解相结合可以增强技术动作的内在联系，学生获得的感知效果要远远高于只运用一种方法的情况。因此，根据足球教学的需要，教师在进行动作示范时，要及时、恰当地结合讲解进行，同时要善于启发学生的积极性思维，从而达到最佳的教学和学习效果。

（三）指导发现教学法

指导发现教学法，是让学生通过教师有意识设计、指导的实验、观察、分析、假设和论证后发现规律和建立概念的一种教学方法。因此，指导发现法包括教师的"教"和学生的"学"两个方面。这种教学法特别适合运用在足球战术的学习、足球攻防关系的认识和足球技术要点等内容中。在校园足球教学中，教师主要采取以下三个步骤实施指导发现教学法：

（1）学生通过课前预习教师所要教授的教学内容，发现一些解决不了的问题，并且将其带到课堂中去。

（2）教师以指导语的方式改造所授的足球教材内容，从而达到使学生能自行解决学习中遇到的困难和问题的目标，并且将一些相关的观察结果和分析的直观感知材料提供给学生，帮助学生进行学习。

（3）学生通过教师的教学指导来寻找课前所发现的问题的具体解答方案，并采用分析和归纳的方法解决问题。

（四）游戏教学法

游戏教学法，是指在教学中，教师利用组织游戏的方法使学生通过这种方式充分发挥主动性和创造性来完成预定教学任务的教学方法。这种教学法的应用比较广泛，既适合初学足球的学生，也适合职业运动队的专业选手。在校园足球教学中，教师运用游戏教学法应注意以下四点：

（1）教师在选择游戏项目时要遵循不能脱离校园足球教学的本质这一宗旨，并在组织的游戏中应制定相应的规则与要求。

(2) 教师应在教学过程中要求全体学生必须遵守游戏规则，同时，注重积极鼓励学生发挥个体的主动性和创造性。

(3) 教师应认真做好游戏的评判工作，公开、公平、公正地评价游戏的结果，客观地评价每个学生在游戏中的表现。

(4) 游戏教学法中安排的游戏内容要注意控制负荷量。由于学生个人的选择性与独立性较大，因此，教师在体育教学中安排游戏运动负荷与动作控制方面会受到很大限制，应妥善处理。

(五) 合作学习教学法

校园足球教学过程是师生共同参与的双向教学过程。因此，教学活动的顺利进行离不开教师与学生、学生与学生的相互配合。为了取得较为理想的教学效果，教师在教学过程中应采取多样化的教学手段和活动组织方式，以便使学生在轻松的教学环境中能够更好地掌握足球教学的内容，使学习成为学生之间的一种合作活动，并让学生能够在按时完成学习任务的同时，享受学习环境和人际关系。合作学习教学法就是在教学中，充分调动教、学双方的积极性和主动性的教学方法。在校园足球教学中教师主要采取以下两个步骤实施合作学习教学法：

(1) 在教学初期，让学生自愿分成人数不等的若干个小组，结成"伙伴对子"。

(2) 在教学过程中，教师以小组为单位进行教学，通过充分发挥小组内的技术骨干的带头作用，指导小组成员互帮互助，促进各小组的学生共同完成学习任务。

(六) 程序教学法

程序教学法是指依据认知和技能形成的基本规律，将足球技战术的教学内容分解成为若干个相互联系、便于学习的"小步子"，同时建立起相应的评价信息反馈系统的教学方法。在校园足球教学实践中，学生首先依据小步子进行学习，然后评价学习情况，最后依据评价的结果反馈学习效果，教师针对反馈信息有的放矢地组织教学。

(七) 案例教学法

案例教学法，是指教师在教学中通过列举具体的案例帮助学生更清晰、更深刻地认识教学内容的教学方法。这种教学法在足球战术配合教学、足球竞赛组织编排、足球规则与裁判方法的教学过程中应用最广。它的最大优势就是直观,用符合教学要求的案例来说明问题,针对性极强。在校园足球教学中,运用案例教学法应遵循以下三个步骤来组织教学:

(1) 在备课阶段,教师应按照教学内容的不同选择有针对性的典型的有关足球教学内容的案例作为教学核心。案例的选择不仅要能充分反映教学内容,还要具有典型的教育意义,同时要符合学生的学习基础和学习能力。

(2) 在教学过程中,教师对已经选择好的足球教学案例进行深入的分析,使学生尽快地建立起相关概念。

(3) 在组织足球教学时,教师应注重调动学生的积极性,活跃课堂气氛,组织集体练习,促进学生结合案例进行思考并主动完成学习任务。

第三节　校园足球教学的组织与实施

一、校园足球教学的设计

(一) 教学大纲的制定

作为教师开展教学工作的指导性文件,校园足球教学大纲是开展校园足球教学的主要依据,同时是对教学工作任务的完成程度进行衡量的基本依据。此外,校园足球教学大纲也为整个校园足球教学活动的发展指明了方向,因此,为了确保校园足球教学工作的顺利开展,就必须要制定出科学、合理的校园足球教学大纲。

1. 校园足球教学大纲的内容

(1) 说明:主要是对校园足球教学大纲制定的依据与原则、课程性质等进行阐述,并提出具体的完成措施。

(2) 教学目的要求:该部分主要是对校园足球教学的具体任务进行阐述,其内容主要包括足球的基本理论知识,基本的足球技战术与技能,促进学生身体素质全面提高的要求,进行专业思想教育和思想品德教育,以及学生优良意志品质和集体主义精神的培养等。

(3) 教学内容及课时分配:该部分主要是对校园足球教学中不同教学内容占总课时数的比例,足球理论教学与足球实践教学的比例,理论教学的题目和课时、教学条件、参考书目和考核等内容进行阐述。

(4) 教材及参考书：该部分主要是将校园足球教学中所使用的教材和教学参考书一一列出。在学生对教材内容进行学习并掌握的基础上，教师和学生有选择性地选择一些具有权威性的足球专著，以对教学内容进一步丰富和补充。

(5) 教学设施：主要包括校园足球教学所需的足球场地和设备，教学比赛所需的口哨、号码衣等物品。对于有条件的学校还可建立和完善足球电化教学设施。

(6) 考核内容和方法：主要包括理论知识、技战术、技能的考核。理论知识考核一般采用笔试的形式；技术考核可采用技评和达标的形式；技能考核可采用作业评检、实习、实际操演等形式进行。

(7) 成绩评定：主要是对学生的学习态度、思想品德，具体的足球理论知识、技战术与技能等进行评定。在对学生的基本技能进行评定时可以结合平时的考核情况和校园足球教学培养目标的具体要求来确定总成绩中各部分所占的权重与比例。

2. 制定教学大纲的基本要求

(1) 从校园足球教学的实际情况出发，将校园足球教学计划中规定的培养目标和要求进行贯彻和落实，并提出校园足球教学的目的和教学任务。

(2) 校园足球教学的内容是通过足球运动的特点、课程任务和教学时数来确定的，要突出足球基本理论知识、技战术与基本技能的教学训练与培养。

(3) 合理地分配校园足球教学课程时数，保证足球理论教学与实践教学的适当比例，以确保顺利完成校园足球教学任务。

(4) 在校园足球教学大纲制定的过程中，要重视足球教学内容的系统性、先进性和科学性。

(5) 校园足球教学大纲的考核重点应放在足球基本理论、基本技术与技能方面，所采用的考核方法应对学生的真实水平进行全面、客观的反映，同时评分方法要科学、合理。

(二) 教学进度的制定

教学进度是教学活动的参考指南，它是在教学大纲的指导下制定的，可谓是详细版的教学大纲。教学进度对教学目标、教学方法和教学安排等内容进一步明确，它是开展校园足球教学活动的指导性文件。教学进度是根据教学大纲所规定的教学任务、教学内容和课时数分配，把教材内容具体落实到每节课堂中的教学文件。教学进度是对教学方法与策略的直观反映。科学、合理的教学进度能够有效地提高教学效果和教学质量。

在制定校园足球教学进度时，应注意以下四点要求：

（1）合理安排，突出重点。根据校园足球教学大纲的具体要求和规定，以及足球运动技能的基本规律，对足球教学内容进行合理安排，并突出足球教学的重点。

（2）教材安排符合逻辑。所安排的足球教材，必须要体现足球理论知识和技术结合的逻辑关系，从而使学生在学习时能够产生积极迁移。

（3）注重教学课的搭配。在遵循和贯彻渐进性教学原则的基础上，对每节课堂的教学内容进行合理搭配。

（4）理论与实践相结合。要遵循理论指导实践的原则来安排校园足球教学课程，并安排针对性强的理论课教学，使足球教学理论与实践紧密结合。

（三）足球教案的制定

如果说教学进度是对教学大纲的进一步细化，那么教案就是对教学进度的进一步细化。教案是教师在教学进度的框架内，对每一堂课的教学内容、时间安排和详细步骤进行编写的教学文件。由于体育教学所涵盖的范围非常广泛，尤其是校园足球教学，既有少量的理论课教学，也有大量的室外实践课教学，因此，其校园足球教学教案的制定有着较高的要求。编写校园足球教案的具体要求包括以下五点：

（1）根据校园足球教学的目标、进度、教学性质等对校园足球教学的基本任务进行明确。

（2）针对教学课的基本任务确定相应的教学方法。教学组织应严谨有序，教学过程有条不紊。

（3）考虑场地、器材、设备、学生人数、学生基本运动能力等要素，正确运用教学方法，按照科学合理的教学步骤，合理安排练习次数和运动负荷。

（4）从整体角度出发确定教学任务，同时注意学生不同的个性特征，因材施教。

（5）注意课与课之间的衔接，保证教学过程的完整性和系统性。

在编写校园足球教学教案时，还要注意其基本结构和形式。教案拥有自己专属的结构，以一般体育教学（含足球运动教学）教案的结构为例，通常可以分为准备部分、基本部分和结束部分。

准备部分：主要目的在于明确足球课的教学任务与要求；调动学生学习的积极性；做好准备活动，使其进入良好的适应状态。基本内容有足球基本功练习、身体素质练习、足球游戏等。一般用时15~20分钟。

基本部分：主要目的在于发展和提高一般和专项身体素质，学习足球基本理论知识、技战术，培养学生教学活动的组织管理能力。在教学实践中，必须要突出重点，主次分明。基本内容主要包括教学顺序与步骤，练习方法、手段、次数、时间，运动负荷，教学组织管理等。一般用时70~90分钟。

结束部分：主要目的在于结束本次课的教学活动，使学生逐渐恢复到相对安静的状态。一般采用自我按摩、互相按摩、舞蹈和罚球等轻松愉快的练习形式组织教学，以达到放松、消除疲劳的目的。结束部分要简明地进行小结，对学生完成学习任务的情况给予恰当的评价。一般用时5~10分钟。

此外，校园足球教学教案编写常用的格式主要有表格式和条文式两种。表格式教案是在确定了课的任务之后，按表格各栏的先后顺序，填写各部分的教学内容、组织教法、练习次数、运动量及其他相关事项和小结。条文式教案常用于理论课教学，除填写表格式课时计划规定的项目外，以讲授提纲与组织教法的方式配合理论课讲稿使用。

二、校园足球教学的组织

（一）足球理论课的组织

校园足球理论课的主要内容为与足球运动相关的各种理论性知识。虽然校园足球教学以讲解技战术为主要内容，但对于学生来说，掌握必要的足球理论知识有助于其更好地学习和掌握足球技战术。特别是进入战术学习阶段，如果学生已经掌握好了足球理论知识，那么便可以很快地理解和掌握足球战术的部署和执行方法。因此，校园足球理论课教学的主要任务是让学生掌握基本的足球理论知识，包括足球的技战术基本理论，足球的发展趋势，足球的教学、训练、裁判、组织竞赛等，并使学生理论联系实践，更好地指导校园足球运动实践。

与其他学科课堂教学组织形式相同，课堂教学也是足球理论课教学经常采用的形式，但从课堂活跃度方面来讲可以更加灵活一些，教师应更多地采用诱导性的教学方法，鼓励学生思考足球运动中的各种问题。首先，以提问或讲述的形式引出前次足球课的教学内容，为新授课的内容做好学习准备。其次，进行本节课内容的讲授，突出对足球课重点和难点的反复的论证，采用提问、作业等形式，强化学生对教学重点和难点的理解和掌握。最后，在足球课的结束部分，教师要简明扼要地总结和归纳本次课的重要知识点，布置课后作业，并宣告下次足球课的教学内容。

（二）足球实践课的组织

1. 准备部分

校园足球教学实践课准备部分的主要任务是通过一定的身体活动，使学生机体由相对静止状态进入工作状态，为学习足球课程内容做好生理和心理上的准备。准备部分的教学可采用与足球基本教学相呼应的走跑练习、基本体操、控制球的专门练习和引导性、针对性、激励性的游戏等方法进行身体活动，逐步增加运动负荷，以达到活动身体的目的。另外，可采用简单技术练习的方法，以达到学习技术动作和活动身体的目的。准备部分的活动组织形式一般采用集体作业的方式进行，内容可根据课程的任务、时间、学生身体素质和气候条件等略有增减。

2. 基本部分

根据校园足球课教学进度的内容安排，进行足球技战术的教学和练习，全面发展学生的身体素质，培养学生良好的足球意识和心理品质是校园足球教学实践课基本部分的主要任务和内容。应在足球教学的基本部分突出教学的重点内容，并结合学生的实际情况和教案选择相应的教学手段和教学方法，同时要布置一些巩固性的作业练习。在本阶段，教师主要是对教学内容进行讲解和示范，让学生进行练习并纠正错误等，使学生在巩固旧知识的同时，体会和练习新内容。

具体教学步骤为：先对新的教材内容进行学习，然后对已经学过的教材内容进行巩固和熟悉，最后进行发展学生身体素质的练习和组织足球教学比赛。在校园足球教学实践中，要合理地安排教学时间，并充分利用足球场地和教学设备，逐步增加学生练习的次数，选择较为适宜的运动负荷量，提高学生的练习效果和练习质量，促进学生掌握和改进足球技能。此外，教师要对学生的练习情况进行密切观察，并做好详细的记录，根据反馈的信息，及时对练习方法进行调整，以保证整个足球教学过程的合理有效进行。

3. 结束部分

在校园足球实践课的结束部分，主要任务是让学生的身体和心理逐步恢复到课前相对安静的状态，通常情况下，多采用集体活动的形式来进行。结束部分一般要根据教学内容的性质、练习的强度与密度等，选择一些降低运动负荷的练习，如慢跑、简单的运球、传球、活动性游戏等。在整理活动结束后，教师要对本次课的总体学习情况进行简明扼要的总结，对教学任务完成情况做出恰当的评价，在肯定学生学习成绩的同时找出不足，明确下一步努力的方向。最后布置课后作业，预告下次课的主要教学内容。

(三) 足球讨论课的组织

足球讨论课是一种较为灵活的足球教学组织方式，它的教学地点可以是在教室中，也可以是在球场边。讨论课的目的是提高学生的表达能力，并且发展学生的观察能力与分析能力，激发学生的创造性思维。足球讨论课的讨论话题应与足球运动中遇到的多种问题相关，可以是某种技战术的问题，也可以是某位球星的踢球风格等。这种讨论课最适宜在进行足球技战术分析、规则裁判法等的教学时采用。教师应在讨论课开始前向学生宣布所要讨论的内容、需要解决的问题，以及课堂要求等。在讨论前要对所要讨论的对象进行观摩，并要求学生做好观摩笔记，记录自己的观摩体会、感想和疑问等。在讨论课结束后，教师先进行引导性发言，然后采用民主的形式，组织学生围绕本次课的议题进行发言，鼓励学生发表不同的意见，并积极进行讨论。最后，教师要围绕讨论进行总结，并对所讨论的问题和学生的讨论情况进行评述。

(四) 足球实习课的组织

校园足球实习课能有效地提高学生的足球教学训练能力、执裁水平和组织竞赛能力等。其组织方法可以贯穿每堂足球课，如在每堂课开始前安排 2~3 名学生作为本节课体育教师的助理，以此锻炼他们的组织训练能力；安排 3 名学生作为课堂教学比赛环节的裁判员，以此锻炼他们的执裁能力。在实习课开始之前，教师需要确定实习学生的人数，并对这些学生进行指导，使其做好相应的准备工作。在实习过程中，教师要对学生的实习情况进行观察，并做好记录。在实习结束后，教师要对实习学生的表现做出客观评价，并让实习学生写出实习总结。此外，要鼓励学生积极参与足球实习课的讲评与讨论。

三、校园足球教学的评价

校园足球教学工作总结是指体育教师要定期向体育教研室和上级主管部门提交的教学工作总结性文件，具体为体育教师对校园足球教学任务的完成情况做出评价，并从中总结经验和找出差距的文字材料。校园足球教学工作总结是校园足球教学实践的精华，也是校园足球教学过程的真实反映。通过校园足球教学工作总结，教师能够从中获得非常可靠的教学经验和教学规律，找出教学过程中影响教学质量提高的问题和因素，为今后校园足球教学提出新的课题，以促使教学质量不断提高。通常情况下，校园足球教学工作总结主要包括以下四个方面：

（1）介绍教学的基本情况：课程任务、课程性质、教师时数、学生人数、系院、年级、班级、教学条件等。

（2）介绍教学过程：教学中采取的教学改革方案或措施，实事求是地对执行情况作出自我评估，总结教学改革的成功之处，指出存在的问题及产生问题的原因。

（3）教学过程评价：对学生学习状态进行总体评价，特别要重视分析教学中学生主体作用的发挥情况；对学生的学习成绩进行客观分析，必要时以数据和事实根据对教学过程做出准确的比较性评价。

（4）教学设想和建议：根据本阶段或学期足球教学任务的完成情况和对足球教学中所遇到的问题进行分析，对下一轮的足球教学工作提出改革设想和建议。

第四节　校园足球教学的改革与创新

一、转变落后教育理念

在校园足球教学领域中，创新理念更多地体现在转变传统教学理念方面。传统的教育教学观念之所以能够在我国长久存在，其原因是这种传统的教育教学理念有非常多的精华之处。但在现代教育中，传统式的教学理念显现了非常多的弊端，如在教学中无法完全做到"以人为本"和因材施教等。这就导致了学生的独立性和创新性无法在教学过程中得到充分发挥。因此，为了使学生的共性和个性在教学过程中能够得到协调发展，就必须转变传统的教学观念，并在教学管理制度方面突出多样性、灵活性和伸缩性。

（一）以学生为主体

与传统的教育教学理念的根本区别是，校园足球创新教育理念重视校园足球教育教学活动中学生的主体地位。校园足球创新教育理念改变了知识和技能在课堂上的单纯传递；改变了教师在教学过程中对学生的"填鸭式"教学方式，使学生在学习过程中的主动性和积极性得到了充分调动，并使学生能够积极主动地发现问题、分析问题和解决问题，使学生在掌握和熟练运动技能的过程中，提高学生的创新能力，从而将学生的被动学习转变为主动学习。

（二）以"教"为"学"

校园足球创新教育理念是校园足球教学在充分尊重和切实保障学生主体地位的同时，使教师的"传道、授业、解惑"的作用能够得到最大限度的发挥。在校园足球教学中，教学只是教师的一种手段，而不是目的，教师的主要作用是对学生进行引导和启发，以"教"为"学"，通过学习使学生的创新能力得到发展和提高。

二、创新教育教学方法

教学方法对于学生真正学习到教学内容起着非常重要的作用。如果没有采用正确的教学方法教授，再好的教学内容也不会激发学生对教学活动的兴趣，教学结果当然不好。我国校园足球教学方式和教学程序普遍延续着传统的教学方法，其形式过于单一、无味。这是由于传统教学方法忽视了足球项目自身的特点。另外，传统的教学方法过于重视教师在课堂中的作用，忽视了对学生的实战能力和个人技能及特长的挖掘。因此，创新教育理念提倡改革教学方法，拓宽教学组织形式。

（一）情境教学法

创新教育理念要求在校园足球教学中，体育教师要积极参与创设与教学内容相关的教学情境，因为他们毕竟是最了解学生的人。体育教师可以选择恰当的教学方法和组织形式,将学生带入既定的教学情境,让学生在教师所创设的教学情境中质疑、设想、体验、探索,最大限度地开发学生的智力,挖掘学生的运动潜能。例如,在进行"二过一"战术教学时,可以创设如"我们正在进行足球对抗赛,对方防守得很严密,我们如何才能突破对方的防守呢?"的教学情境。然后,安排学生进行一人防守两人的"二过一"练习。在练习该技术的过程中,不同的同学采用不同的方法突破防守,如踢墙式、直传斜插、斜传直插等。让学生做示范,教师在旁边做指导,这样就能活跃课堂气氛,激发学生的学习兴趣,使学生较快地掌握动作技能。

(二) 互动教学法

传统的教学方法中,教师是课堂中的主体,学生是课堂中的客体,教师负责教,学生负责听,师生之间没有情感和知识上的互动。创新教育理念下的互动教学法要求教师作为教学活动的组织者和指导者,充分重视学生在学习中的主体地位,尽量为学生创造一个民主、轻松的学习环境,寓教于乐,使学生在平等的合作讨论中获得知识和技能。例如,在教师教授校园足球前场局部进攻战术时,让学生根据其自身的特点和优势组织进攻和防守,进攻方和防守方的同学经过相互交流和讨论,总结出最佳的进攻方案来突破防守。采取"讨论—实践—应用—讨论"的过程,促进学生战术水平的提高。

(三) 探究教学法

探究教学法是在教师的指导下,通过发散学生的思维,让学生在发现新的知识点、运动技能的同时,将发现的问题收集起来,带着问题去听课或自主解决问题,即充分发挥学生探究学习的能力。例如,在对有一定足球运动基础的同学进行教学时,在其练习击球的过程中,可以用脚踢球,也可以用头顶球,还可以用胸顶球,充分运用各身体部位。体育教师在教学过程中引导、鼓励学生探索,如提问当球在某一高度时最恰当的击球部位是哪里,哪个部位击球比较舒服和方便下一个动作的衔接。当学生尝试了不同的方式后,他就能更加深刻地理解这一问题,并使其在体验和探索中获取运动知识,掌握运动技能,激发学生的学习兴趣,增强学生的学习信心,使学生乐于探索、勇于探索。

三、改革教学育人模式

足球运动是一项具有极强技巧性的团队运动。每名球员的技术动作的学习都要经过一个长期的教学过程。在这个漫长且枯燥的过程中，为了调动学生的学习兴趣，促进其尽快掌握足球运动技能，必须充分发挥学生的创新意识和创新能力，将创新教育理念融入校园足球教学实践，建立和实施创新型教育教学模式[1]。

(一) 创设"情景剖析"的教学情景

首先，课前的准备工作对教师的授课非常重要。课前预习有助于加快学生对足球技术动作的理解。在校园足球教学过程中，学生的课前预习能促进学生对所学的技术动作有一定的认识。其次，在校园足球教学实践过程中，教师在课堂上的示范对学生运动技能的学习有着直接的指导作用。在教学示范前，教师应对所要教授的动作技术的重点和难点进行精细的讲解，要求学生认真观察示范动作，如教师在教授正面脚弓传球动作技术时，应提示学生注意观察传球前的准备姿势、脚型、击球点、用力顺序和出球方向，示范后，让学生依次回答。对于在课前进行预习的学生而言，他们基本上都能准确地回答出教师提出的问题，其大脑中对动作的初期印象便得到了进一步的强化。教师针对学生回答问题的情况进行重点分析和讲解，就能加快学生对脚弓传球动作技术的正确认识，缩短了学生对动作技能从理性到感性的认识过程。

(二) 创设"情感创新"的教学情景

创新能激发人的求知欲望，使人精神愉悦。因此，教师在校园足球教学过程中应该注重培养学生自主设计、组织运动技能练习的能力，在教学中为学生创造一个自由发挥的空间，鼓励学生发散思维，利用所学知识解决实际中存在的问题，使学生大胆实践、勇于创新。随着学生身体素质、理论知识、运动技能的不断提高，学生分析问题、解决问题、独立学习的能力等都会有显著的提升。在校园足球创新教学模式中，学生既可以根据教师所提供的练习形式和方法进行练习，也可以自主设计练习形式和方法进行练习。因此，创新教育理念指导下的教学模式是充分发挥学生能动性、鼓励学生积极参与教学过程的新型教学模式，可

---

[1] 王艺然. 青岛市校园足球特色学校足球文化建设研究 [D]. 济南：山东体育学院，2020.

以使学生在学习足球技能时做到乐学、好学、会学。

四、完善教学评价标准

科学的考核既能够对学生的学习成果进行评判，同时是考察教师教学水平的有效方式。从目前来看，理论知识与技术相结合的考核制度是我国校园足球教学考核常采用的方式，但是这种考核制度往往忽视了对学生的足球意识和运动实践能力的评价，而足球意识和运动实践能力才是足球运动的精髓。而且，这种考核制度也与"终身体育"和"健康第一"的校园体育教学目标相左。这就需要更多的相关体育教育工作者来对校园足球教学的考核制度进行探索和研究。创新教育理念指导下的新型成绩评价标准要求具备以下两个条件：

（1）降低技术内容在校园足球教学考核成绩中所占的比例，并在考核体系中纳入对学生的身体机能水平、心理健康素质、足球理论素养和足球实践能力等因素，将传统单一的考核转变为多元化的考核。

（2）将学生平时的出勤情况、学习态度、教学进步幅度、互动能力等因素纳入校园足球教学考核体系，使对学生成绩进行评价的标准与新课程改革下的素质教育的要求相统一，从而从根本上提高学生的学习能力和教师的教学质量。

第三章 校园足球训练体系的构建

第一节 校园足球训练理念

一、校园足球训练的总体思想

足球训练是一个科学的训练过程,在训练过程中必须有正确的指导思想。就当前校园足球运动科学训练来说,对足球运动员的科学训练和培养必须建立在促进运动员健康发展和遵循足球运动客观规律的基础之上,这是足球训练的总体指导思想。具体来说,校园足球运动训练的总体思想主要包括以下六个方面。

(一)坚持素质教育导向

足球训练的教育导向是指在足球训练的同时,要重视和强调对运动员进行文化和素质教育,使足球训练和教育相互结合、相互协调、相互促进,从而实现足球训练和教育相互融合的目的,进一步促进足球运动的发展和提高。

足球运动是一项竞技性强、对抗激烈的竞技体育运动,"育人夺标"是竞技体育与运动训练的最终目的。但是,必须要认识到,校园足球运动的科学训练应在训练过程中重视"人的发展",即重视运动员的健康发展,提倡将人文教育融入培养运动员竞技能力的过程[1]。运动训练不仅要重视对运动员进行文化教育,而且要将如何做人与运动训练有机统一起来,系统地对运动员进行教育。在足球训练中,教育性的训练理念可以规范所有运动队和运动员的教育与训练行为,要

---

[1] 全国青少年校园足球工作领导小组办公室. 全国青少年校园足球改革试验区改革发展情况综述[J]. 校园足球, 2020 (5): 4-9.

在对足球运动员,尤其是在对校园足球运动员的训练中充分发挥足球运动的教育功能。具体来说,坚持足球训练中的素质教育导向应做到以下两点:

(1) 在足球运动教学训练中,要坚持公平原则。公平在校园足球训练中有着非常重要的作用,虽然在训练天赋、运动水平和个性特点等方面,学生都存在一定的差异,但在训练过程中,教练员要公平公正地对待每个运动员,为他们提供相同的机会,营造和形成一个良性的竞争氛围。在我国,校园足球运动员的培养是一项非常严肃认真的工作,只有做到公平合理,才能分辨出"英才"和"庸才",才能真正做到择优录用,避免埋没人才等现象的出现。

(2) 要重视足球运动员的良好品质和行为的培养。具体来说,培养青少年足球人才要注意从以下方面入手:重视培养青少年足球运动员的优良品质,如讲文明、讲礼貌、讲团结、讲奉献、学会尊重他人,使其养成良好的心态,无论在任何场合,都要文明着装、仪表整洁,杜绝不良言谈举止;重视培养和提高青少年足球运动员遵纪守法的观念和自觉性,严格遵守生活、训练和比赛纪律,并遵守其他各项有关法规和规定;重视培养青少年足球运动员发奋图强、勤学苦练的精神,从小树立"冲出亚洲、走向世界"的雄心壮志,全身心地提高比赛技能和专业理论知识;重视培养青少年足球运动员的职业素质,使他们树立坚定的事业心,并具有强烈的祖国荣誉感和责任感;重视培养青少年足球运动员良好的卫生习惯,要时刻注意保持环境宿舍、个人和饮食卫生,杜绝抽烟和喝酒,摒弃所有不利于足球运动的个人嗜好。就我国青少年足球运动训练而言,加强足球运动训练,尤其是青少年足球运动员训练的教育回归,强调训练与教育的统一,加强青少年足球运动员综合素质的培养,对促进我国足球运动的发展及高素质足球运动人才的培养具有重要意义。

(二) 重视职业道德培养

道德教育是青少年足球运动员健康成长的保证。从小就要教育青少年足球运动员树立坚定的事业心,拥有强烈的祖国荣誉感、责任感,培养公正竞赛、团结拼搏的职业道德。从小就使青少年足球运动员养成优良品质和良好的文明习惯,勤学苦练,奋发图强,全身心地投入提高比赛技能和专业理论知识的学习。正确引导和教育青少年足球运动员正确认识个人与集体、待遇与奉献的关系,使他们树立公正竞赛、团结拼搏的职业道德。在足球比赛中,单纯的比赛结果(比分和胜负)并不能反映运动员对竞赛的理解,它是通过运动员面对胜利和失败时的具体行为来表现的。在培养青少年足球人才时，教练员要使运动员学会自律，使每个队员都能正确地理解和严格地遵守公平竞赛的基本规则，同时，具有自我调节的心理能力，做到"胜不骄，败不馁"，尊重裁判和比赛事实，不将比赛判罚及失误的责任归于对方，不采用侮辱性和恐吓性的语言，既不妄自菲薄，也不狂妄自大。需要特别强调的是，青少年足球运动员的素质应与足球运动技战术发展相统一。运动员的职业素质在足球运动训练中有着重要的作用，在训练过程中，要加强对运动员职业素质的培养。同技战术一样，职业素质也要有一个发展和完善的过程。运动员的职业素质反映在训练比赛中的纪律性，以及与同伴的交流、合作等方面，只有提高职业素质，才能更好地应对复杂的社会环境，处理好遇到的突发状况。因此，对运动员职业素质的培养要贯穿于训练的始终，运动员职业素质的培养应注意以下三点：

（1）足球运动员应热爱足球事业。运动员要以饱满的热情积极地投入足球训练，享受足球带来的乐趣，这样就能承受长期高负荷的训练和比赛，同时能利于聪明才智的发挥，以及高水平技能的掌握。

（2）重视足球运动员责任感、交流沟通能力的培养。运动员在比赛中要敢于承担责任，及时同队员做好沟通和交流。只有这样，才能建立起具有集体主义精神的团队。

（3）足球运动员应加强自律。在足球运动训练中，运动员要虚心听取教练员的指导意见，严格要求自己，不能在取得暂时的成功后降低对自己的要求。只有这样，才能促进自我足球实战能力的不断提升。

（三）遵循足球发展规律

足球运动训练应从青少年足球运动的比赛特征出发，着眼于足球的未来发展，科学地规划青少年足球运动员的训练，使足球运动员的培养与世界足球的发展趋势同步。这也就要求培养出的优秀足球运动员要符合青少年足球的比赛特征。具体来说，在进行足球训练时，教练员要鼓励运动员从小按照标准去努力。随着足球运动技术水平的不断发展与提升，青少年运动员参与足球训练的要求也应随之不断提高，因此，进行青少年足球训练应充分考虑不断变化的发展趋势。例如，随着青少年足球运动的发展，足球运动员的智力因素在足球比赛中显示出更重要的地位，具体表现为青少年足球比赛更加注重基本的配合、沟通和交流。这要求足球训练应转变传统的以体能训练为中心的模式，要重视足球运动员运动能力发展的全面性，要具备专门的足球技巧，同时，要向其他方面进行扩展，包括技战术创新和比赛心理调整等多个方面的内容。

（四）以兴趣引导训练

足球运动是运动员在参与运动的过程中享受其所带来的乐趣，并掌握和提高足球技能和生活技巧的一项活动。在足球训练中，体验踢球的乐趣对青少年足球运动员的成长及成功有至关重要的作用，因此，在对青少年运动员进行足球训练时，必须使他们体验到足球带给他们的乐趣。学生一旦产生了参与足球运动的兴趣，就有了训练的动机，在校园足球训练的初期阶段，尤其是对初次参与训练的学生，教练员应将培养兴趣放在首位。在训练的开始阶段，教练员和指导员应该让青少年对足球运动有一个正确的认识，在足球训练中，要给传统的训练方式赋予新的意义，使学生真正认识到足球的魅力，并将足球运动作为一项终身体育运动。就青少年足球运动员的训练来讲，应遵循青少年足球运动员的身心特点和发展规律进行有针对性的设计，而不应成为成人足球的翻版，在青少年足球教学和训练中，应将足球当作一项游戏，教练员和指导员既不能过多地告诉做什么，也不能对他们施加一些苛刻的规则和空间约束。在足球训练的过程中只有使青少年足球运动员了解、体验和热爱这项运动，才能使他们愿意为了足球运动发展而不懈努力、付出和奉献。

（五）系统有序地训练

运动的训练是一个系统的过程。在这个过程中，需要教练员和指导员正确认识和把握足球运动训练的客观规律，结合青少年足球运动员的身心特点和训练结果，合理地安排训练的目标、任务、内容，科学地组织足球训练方案。系统有序的足球训练对于青少年足球运动员技能的有序提高具有重要作用，青少年的足球训练要将与成年足球相关部分的要求划分成若干小的短期目标来逐步实现，这样就可以在长期的训练过程中逐渐接近更高的目标。从人体生长发育的角度来看，人由青少年到成人的身心发展过程可以划分为不同的时期，这也就为教练员在训练过程中指导青少年足球运动员训练工作方面提供了可以借鉴的分段依据。系统训练要以逐渐深入的模式为基础，每个阶段的足球训练都必须与各发育周期阶段的训练目标、训练内容和训练负荷相适应。

生理学研究表明，男子6~18岁、女子6~16岁是最为理想的青少年训练年龄，在这一较为漫长的时期内，要逐步对青少年运动员的各项能力进行培养，按照最佳的青少年阶段训练计划进行系统的规律性训练。如果青少年开始正规训练的时间相对较晚，就会缺失第一阶段的训练，但如果一些青少年在接受过正规训练前有过足球运动的经历，那么他们在开始阶段所缺失的能力，在经过系统训练后，可以相对较快地得到弥补。与男孩不同，在大多数情况下女孩没有接受过正规训练的任何运动体验，故在她们的中级训练计划中还要包含基础训练的内容。对于没有经过初级训练的女孩，教练员要在充分了解的情况下，对这些运动员的训练与表现进行认真评价，并根据评价结果和具体情况进行针对性的训练，使训练符合运动员的实际情况。要注意的是，在保持足球训练的阶段性的同时，要重视同一阶段中不同运动员之间的个体差异。通常情况下，所划分出的各个阶段的年龄组别和发展特点只是粗略纲要，而在实际的过程中，教练员要根据每个运动员的个体差异合理安排训练。

（六）注重潜力发展

优秀足球运动员的培养是一个非常艰辛的过程，因此，在足球训练中应重视足球运动员的潜力发展，只有这样才能培养出优秀的足球运动员。所以，注重潜力原则是针对足球后备人才的发展而言的。潜力是青少年足球运动员未来发展最重要的条件之一，青少年足球运动员运动潜力的大小决定了足球运动人才成长的高度，选拔具有良好发展潜力的青少年足球运动员是当前我国足球选拔单位最重要的任务之一，在选材过程中遵循注重潜力的原则是对足球运动员选材工作负责的表现。对于青少年足球运动员来讲，其未来发展空间较大，在足球训练中，教练员不仅要重视当下运动员综合素质的发展，还要重视其在未来几年的足球运动生涯过程中潜在足球运动能力的发展预测。因此，要求教练员在具体的足球训练中，不能只看高校足球运动员目前的表现，还要考虑到其未来的发展程度，注意发现和挖掘具有潜力的人才，只有这样，才能为我国足球运动未来的持续发展培养出优秀的人才。

二、校园足球训练的理论应用

（一）足球训练理论与足球训练实践的关系

作为理论与实践的两个重要表现，足球训练理论与足球训练过程是一对相生并存的矛盾体,二者相互影响,相互作用,不可分割。

1. 足球训练理论对足球训练实践的科学指导作用

理论对实践具有指导作用,从产生来源来看,足球训练理论是从简单的运动训练实践经验的总结发展成为对运动训练普遍规律的揭示、解释和应用。关于源于运动实践的运动训练理论的具体事例不胜枚举,其中,较为具有代表性的有运动训练学理论中的周期性训练原理、竞技能力的影响因素分析等,这些都是通过对运动专项的训练实践进行概括和总结得出来的,并且为指导运动训练过程提供了坚实的理论基础。运动训练理论的研究领域非常广,贯穿于运动训练的整个过程,涵盖了运动训练的整个内容,具体包括运动训练的参与者、目的、原则、内容、影响因素、方法、过程的组织和控制、效果评价等。运动训练理论能够较好地用来针对各个运动项目在训练中遇到的规律性问题进行解决。对于足球运动训练来说,足球训练理论能够起到积极的促进作用,具体表现为三点:一是足球训练理论可以为足球运动训练实践提供其顺利进行所需要的广阔思路;二是足球训练理论可以为足球运动员在训练过程提供解决问题所需要的理论依据和实用方法;三是足球训练理论可以实现自我完善,进而更科学地指导足球运动训练实践。

2. 足球训练实践对足球训练理论的能动反作用

足球训练实践对足球训练理论的能动反作用主要表现在足球训练实践可以补充和完善足球训练理论。一般来说,训练理论是运动员从运动训练实践中经过不断的总结和概括得出的,足球训练实践的发展及其研究成果,在很大程度上积极、能动地促进了运动训练学理论的发展。经过对足球训练理论的长期研究,其研究成果数不胜数,这些理论性较强的研究成果不仅为运动训练学理论的建立与发展奠定了较为坚实的基础,更使其逐渐发展为一个理论体系。

足球运动员竞技能力受多种因素的影响,因此,足球运动训练过程具有复杂性和多样性。职业化要求和市场化运作的特征在当今世界足坛的训练方式和竞赛体制中得到了充分的体现,因此,足球运动发展对足球训练体制提出了更高的要求。足球训练方式和训练体制上相关因素的不断变化和改进,对运动训练学的基础理论的发展起到了积极的促进作用,也使运动训练在新的研究领域和研究课题上得到了更好的开辟。当前,运动训练过程的多种要素对足球运动的整个训练过程都有重要影响,具体来说,这些要素主要包括技术、战术、身体素质、心理等。而且这些因素在足球运动训练过程中所占的比重也比较大。由此可以得出,足球运动训练的发展能够促进教练员和足球工作者对足球训练过程中诸多因素的思考与研究，从而进一步丰富足球训练理论的内容。

(二) 运动训练理论发展对足球训练的影响

1. 加深对足球训练过程的特征的认识

从运动训练学理论的观点来看，一个完整的运动训练过程的构成通常都包括对运动员的起始状态进行诊断—确立训练目标—制订训练计划—实施训练活动对训练过程进行检查和评定—实现训练目标。因此，足球训练过程是相对比较完整和系统的。使运动员的足球技战术运用能力得到更好的发展，并且在比赛中充分地发挥出来，就是足球训练的主要目标。具体来说，要实现足球训练目标，就需要经历以下基本过程：以运动员的实际情况为主要依据明确训练目标—以此训练目标为主要依据来制订足球训练的阶段性计划—科学、合理地实施各阶段的训练计划—评定足球训练计划的实施过程和效果—总结评定结果为教练员或者教师提供客观、全面的反馈信息—修正和完善足球训练。

足球训练理论涉及训练过程的每个阶段，能为教练员和运动员对运动训练过程有一个更加全面、系统、完整的了解，对足球训练过程的重要特征有一定的理解和认识，并有一个全面的指导作用。具体来说，运动训练过程的基本特征有以下四个：

（1）足球训练的群体性特征：足球运动是一项集体运动项目，比赛中优异成绩的取得要靠整个球队的整体配合，而不是只靠某个人就能够实现的。球队中每个队员的身体素质、运动能力等都有一定的差异，擅长的部分和欠缺的部分也有所不同，因此，使队员树立起群体精神，通过队员之间的相互协作、互相补充，才能达到较为完善的组合，从而为取得优异的比赛成绩奠定坚实的基础。

（2）足球训练的适应性特征：足球比赛具有时间长、强度大的特点，这就对运动员的体能和技战术的运用能力提出了更高的要求。这一高要求达成的重要途径就是足球运动训练。众所周知，技战术运用能力的获得是要通过逐渐增强训练强度、适当增加负荷量而获得的。因此，适应性变化贯穿整个足球运动训练。

（3）足球训练的连续性和阶段性特征：足球训练是一个长期、连续的过程。足球训练过程中，运动员技战术运用能力的提高都是通过一次次的课和一个个阶段的训练积累而成的，而训练目标的实现则是通过各个阶段的小目标的实现而完成的,只有一个个的阶段目标都实现了,才能促使总目标的最终实现。因此,可以说足球运动训练过程具有连续性和阶段性的重要特征。

(4)足球训练的可控性特征:足球训练是一个教练员指导、运动员参与的过程,整个过程需要依靠人来实现。因此,足球训练具有可控性。此外,在足球运动的训练过程中,对训练效果起影响作用的因素有很多,既包括外在的客观因素,也包括内在的主观因素。受这些因素的影响,往往会给人造成一种难以控制足球训练过程的错觉,其实,对足球运动训练过程的控制途径、方法和手段越来越多,效果也越来越好,因此,能积极地促进足球训练目标的实现。

2. 为分析足球训练过程提供必要的理论依据

实践证明,一个优秀足球人才的培养需要 10~14 年的时间。运动训练学理论对竞技体育人才的培养进行了科学的阶段划分,据此安排足球训练能够促进足球运动员的健康成长和技术的稳步、有序提高,同时可起到事半功倍的训练效果。具体来说,足球多年运动训练可划分为四个训练阶段:基础训练阶段、专项提高阶段、最佳竞技阶段、竞技保持阶段。每个阶段的训练任务、训练内容及对运动负荷的要求都有一定的差别。这四个阶段是逐渐增进的,前一个阶段的训练是为后一个阶段服务的,因此,每个阶段的训练都十分重要。

(1)基础训练阶段:训练对象为 9~13 岁的少年足球运动员,这一阶段的具体任务包括培养兴趣,对运动训练的基本规律有一定的认识,具备基本的足球比赛能力。这一阶段的训练内容主要包括各方面的身体素质、足球基本技战术的运用能力,以及对足球比赛规则的初步认识等。通过对运动员足球基本能力的训练,为成为优秀的足球运动员奠定坚实的基础。

(2)专项提高阶段:训练对象为 11~19 岁的青少年足球运动员,这一阶段的具体任务包括提高各方面身体素质,更加全面地了解足球技战术,进一步提高比赛中的竞技能力。这一阶段的训练内容主要包括加强对抗性和实战性练习,并且将所学的技战术与比赛有机地结合起来,促进比赛竞技能力的提高。通过对运动员进行专项能力训练,全面地提高他们的身体素质和心理素质,为比赛中取得优异成绩奠定基础。

(3)最佳竞技阶段和竞技保持阶段:训练对象为 19 岁以上的足球运动员,其主要的训练任务包括不断提高身体素质,并能够较好地保持住,通过参加比赛不断增长比赛经验,创造性地发挥对技战术的综合运动能力。这一阶段的训练内容主要包括实战比赛的模拟训练，提高足球运动员的竞技能力，丰富足球运动员的比赛经验。

3. 进一步优化足球训练过程的结构

从运动训练学角度分析足球运动训练可以得出如下结论，足球运动员的竞技能力包括五个方面的内容：通过速度、力量、耐力等基本素质表现出来的机能；通过技术动作的合理运用及动作运用的确定性而体现出来的运动员的技术能力；通过充分发挥自身具备的各项能力，对对方能力的发挥进行遏制，以及运动员各种战术方法的运用水平而表现出来的战术能力；对战术能力的发展和提高起着非常重要影响的运动员的智力水平和知识水平；通过意志品质和心理调节能力表现出来的运动员的心理能力。因此，运动员足球竞技能力结构的构建过程就是进行足球训练的整个训练过程。在青少年足球训练理论指导下，当前优化足球训练过程，正确处理训练过程的各要素，必须明确以下两点：

（1）足球训练应具有针对性。足球训练过程具有不平衡性和多样性，训练过程中，足球竞技能力都具有不可替代的重要作用，但是，由于每个运动员的实际情况不一样，受影响因素的程度也有一定的差异，这就导致了运动员竞技能力发展的不平衡性。另外，运动员实际情况的差异性，再加上技战术的灵活变换，能够组合出满足不同比赛需要的比赛阵容，这就在很大程度上增进了比赛的观赏性和形式的多样性。因此，在足球运动训练过程中，要以运动员的实际情况为主要依据，有针对性地进行训练，从而使运动员的整体运动能力得到较好的提高。

（2）足球训练应注重整体性。足球运动需要运动员之间的合作，因此在训练过程中应注意运动员之间的互补性，互补性特征存在于足球运动员竞技能力结构中的各个方面。足球运动中各个位置对运动员提出了不同的要求，他们的职责也具有一定的差异性，教练员应在充分认识运动员发展特点的前提下，争取通过优势互补，以及合理地配合、协作，发挥整个足球运动队的最佳竞技实力，这是足球运动训练应充分考虑的一点。

总之，足球运动训练过程的结构是由多方面的因素构成的，并受这些因素的影响。因此，只有对这些因素进行客观、全面的认识，才能够将它们科学、合理地进行分配，更好地发挥出球队的整体水平，取得良好的训练效果和取得优异的比赛成绩。

4. 促进足球训练过程科学化

我国的足球运动训练的科学化进程较慢，改革进程也较为迟缓，与世界足球强国相比存在着较大差距。实践证明，将运动训练学理论的研究成果应用于足球运动训练过程，对于我国足球运动训练水平的提高具有非常积极的促进作用，具体表现在以下三个方面：

（1）科学足球训练理论能够在很大程度上促进我国足球工作者对足球运动训练过程的科学认识水平的进一步提高。足球比赛过程具有一定的规律性，正确认识和把握竞赛规律，能够为足球训练的顺利进行打下坚实基础。具体表现为：通过对运动训练过程的规律进行深入、细致的研究，不仅可以得出科学的训练指导思想，而且能够总结出训练的科学标准。

（2）科学足球训练理论对于我国足球训练方法和手段的科学性的提高有积极的促进作用。足球运动训练过程及其效果受多种因素的影响，概括来讲主要包括两大方面，一个是对训练要求、标准的准确把握，另一个是训练方法、手段的科学性。通过对这些因素的正确认识和理解，能够大幅提高运动训练理论的应用范围和应用形式，从而提高训练的效果。

（3）科学足球训练理论有利于进一步提高我国足球训练过程的科学化监控水平。足球训练过程中，效果评价、训练标准及要求的确定，都需要根据相应的指标来进行科学的验证。科学监控在足球训练过程中具有非常重要的地位和作用。通过在足球运动训练过程中广泛运用科学的监控手段，不仅能够使训练的科学性得到有效提高，而且能够将教练员、运动员的个体经验与监控手段进行紧密结合，使每节课、每个训练阶段的训练效果得到有力保证，进而最终有效提高足球训练的质量和效果。

（三）运动训练理论在足球训练中的应用要点

1. 通过理论指导深入认识足球训练过程

足球训练过程这一运动训练体系是特殊、独立的。要对这个比较特殊的训练体系进行分析，系统的思想是非常重要的手段。通过对训练体系的各个因素进行全面的分析和把握，对各个因素的作用进行较为准确的理解，使各因素间的相互作用能够得到有步骤、有计划、有针对性的调节，从而形成有目标、有方向的训练过程，从而系统、完整地掌握运动训练的全部内容。

2. 通过理论指导细致分析足球训练结构

足球训练理论对足球训练过程的基本结构进行了深入研究并展开了充分的论

述。不仅对各结构间的相互关系和发展的一般规律有了一定的认识，而且较为准确地将其运用到了实践中。对足球运动训练过程结构进行科学、合理的分析主要包括：如何通过某一基本规律的运用准确地发挥足球训练结构的各个因素在比赛中的作用；如何以某一基本规律为主要依据来科学、合理地安排足球训练。

3. 通过理论指导科学制订足球训练计划

运动训练的阶段目标和最终目标在训练计划中起到了积极的作用，具体表现为为训练计划的制订奠定了必要的前提。由于足球运动的训练过程是长期的，训练计划就显得尤为重要，通过实现各个阶段的小的训练目标，来进一步实现运动训练的总体目标。因此，在训练过程中，要想取得较为理想的训练效果，就必须根据足球训练理论科学安排训练。

4. 通过理论指导正确选择足球训练内容和方法

足球运动训练的一般规律指出：训练的目标和任务有一定的差异性，这就决定了足球运动各阶段的训练内容也有一定的区别。首先，在基础训练阶段，应以发展足球运动的基本能力，以掌握足球运动的基础知识和竞赛技能为主要训练目标，以足球运动的基础技能为主要训练内容；其次，在专项提高、最佳竞技、竞技保持阶段，应以运动训练的目标为主要依据来确定训练内容，具体体现在：以实战为基础，有针对性地选择一些能够有效提高比赛中技战术应用能力，能够尽快使运动员适应比赛环境，并且能够较好地保持良好竞赛状态的有效内容。足球训练方法和手段的选择对足球运动训练效果产生重要的影响，因此，应该以训练的任务为主要依据，选择相应的训练方法，另外，训练的内容要与练习方式统一起来，做到协调一致，实现训练内容和训练方法的合理搭配。

5. 通过理论指导建立足球训练科学评价体系

建立一个客观、科学、系统、全面的评价体系，是对足球训练过程有效控制的必要步骤，而这一评价体系的建立是在科学训练理论的指导下完成的。首先，评价指标要与训练任务的要求相符，能充分反映训练任务完成的情况；其次，评价指标要有一定的差异性，应该根据各个阶段的特点有针对性地进行制定；最后，要重视对训练效果的整体评价。

三、我国与世界足球强国校园足球训练理念比较

足球在我国起步较晚，训练理念也比较落后。以下主要就我国与世界足球运

动强国的足球训练理念进行全面比较。

(一) 足球训练大纲比较

1. 足球强国有统一的训练大纲

就当前足球运动发展来看，世界足球强国对各年龄段青少年的训练非常重视，因此制定的训练大纲非常科学、详细和统一。足球强国的足球训练大纲在各个国家之间不仅相通，而且在内容和阶段性安排上具有统一的特点，即按照训练大纲，足球运动员会在16岁前主要进行足球的技战术、身体素质及心理方面的训练，17岁后的训练目标主要是专心提高集体战术与身体训练水平。由于技术基础扎实、成才快、水平高，到了成年队后，能够灵活自如、高水平地完成各种技术动作，能够很快地适应高速度、强对抗情况下的顶级联赛。

2. 我国缺少统一的训练大纲

和足球强国相比，我国的各级俱乐部、足球学校及校园足球队的青少年训练，都没有统一的训练大纲。各年龄段的青少年训练不规范，技战术训练不系统，基础不扎实，对抗能力很差，因而到了成年队，甚至到了国家队后，还要进行技术训练，严重制约了我国足球水平的提高。

(二) 足球训练方法比较

1. 足球强国重视对抗训练

调查显示，世界足球强国的足球训练主要以对抗、实战为主，大多数国家的青少年足球运动员从12岁开始就以对抗训练为主，这种以突出对抗为主要特点的训练方法在优秀的足球强队中运用得更为广泛。这种积极的训练方法，不仅能够使队员对激烈的比赛有一定的适应性，而且可以使足球运动员具有较强的心理素质应对场上各种变化。

2. 我国侧重非对抗训练

目前，我国足球训练理念较为落后，尤其是青少年足球训练理念还停留在传统的只重视足球体能训练的阶段上，多采用以非对抗为主的训练内容和训练方法、手段，这与实际的比赛需要严重不符，不利于运动员足球实战能力的提高。

(三) 足球体能训练比较

1. 足球强国体能训练符合实战需求

当前,世界足球强国非常重视青少年时期的体能训练,训练内容主要是长跑、越野跑、变速跑等耐力训练。身体训练水平随着年龄的增大在不断提高,这为青少年足球运动员适应高强度比赛奠定了良好的体能基础。

此外,在足球体能训练过程中,足球强国非常重视身体训练中运动负荷的合理安排,并充分考虑了运动员在训练后的超量恢复,事实证明,没有超量恢复就没有身体素质的提高。因此,这些国家的足球训练多重视通过突进性强度变化,激发运动员的潜能,从而不断提高运动员的足球专项体能素质水平。

2. 我国体能训练与实战需要不符

目前,我国的绝大部分职业足球队的体能训练内容主要是越野跑、12分钟跑、长跑、重复跑、变速跑等,这些训练内容对青少年足球运动员提高身体素质是非常重要的,但仅靠这些还不足以满足青少年足球比赛对运动员身体素质和运动能力的要求。尤其是成年人足球队的体能训练和青少年时期相比,并无太大突破。就我国足球运动员当前的体能训练来讲,重视基础、忽视发展,不管进行多长时间的训练、运动强度有多大都不会取得理想的实现效果。如果和世界足球强国进行比赛,体力不支是最常见的现象,这是我国足球运动体能训练的一个亟须改变的问题。

(四) 足球训练理论体系比较

1. 足球强国足球训练理论体系完整

世界足球强国非常重视专业理论知识的重要性,他们用理论指导实践,使理论与实践相结合,并建立了一个逐渐完整的足球训练理论体系,科学把控了整个足球训练过程。具体表现如下:

首先,始终坚持以最先进的战术思想指导足球训练。足球强国从足球运动员的青少年时期开始就注意培养这些队员的战术意识,通过训练和比赛培养队员解决难题的能力,不断提高队员的理论知识。其次,足球强国职业俱乐部都配备了科研教练员和保健大夫,通过先进科学的手段对运动训练的强度、密度、运动量及运动员受伤的程度、能否参赛训练和比赛等各个方面进行科学的监控和指导,在为主教练提供科学依据的同时，也保证了训练的全面性和科学性。最后，足球强国的足球训练系统、细致，具有针对性。随着世界足球水平的发展，对技战术、身体素质的要求越加高，训练越加细致，分工越加明确，从而对运动员进行系统的、有针对性的训练，这对其足球综合运动水平的提高起到了重要的促进作用。

2. 我国足球训练理论水平较低

我国的足球教练员大多是运动员出身，从小集中训练，缺少对文化课的学习。因此，文化水平、专业理论知识和基础知识水平较差，主要凭借自己的经验安排训练，对自己的深造与球员的理论教育，尤其是高校先进的训练理论认识较差，因此在足球训练的科学指导方面有所欠缺。在运动队训练方面，我国大部分职业队都没有配备科研教练员、医务监督大夫，也没有运用科学仪器对运动员的训练量、机能和伤病进行监测，导致许多运动员因伤病发现或治疗不及时而早早结束了足球运动生涯，这对我国足球运动来说是一个很大的损失。

(五) 足球人才选拔机制比较

1. 足球强国足球人才选拔机制健全

足球强国每年都固定组织各种不同级别的足球联赛和杯赛。除了超级联赛和职业联赛，青少年同年龄段的固定联赛与杯赛的高质量比赛也非常充足，各国在训练方面都严格规定了全年比赛的场次。这样不仅提高了技战术和实战能力，也保证了青少年的学习条件和身心健康，而且通过联赛的层层选拔，能为各级俱乐部的培训中心和职业队选拔不同年龄段中优秀的青少年运动员，人才选拔机制十分健全。

2. 我国足球人才选拔机制不健全

目前，我国足球联赛以甲级联赛为主，其他联赛很少，尤其高校同年龄段的联赛非常少，青少年足球运动员实战能力培养、训练积极性、训练质量都受到不同程度的影响。校园足球方面，各院校足球训练处于自主发展的状况，无法形成不同年龄段的层层选拔和培养机制，过分强调足球技战术水平的提高，不能实现足球体能与技能的协调发展，且存在文化课与训练的矛盾。调查显示，国家队的队员大多来自大城市，一般的农村家庭很难承受高昂的足球训练费用，导致许多有发展前途的高校学生流失。

（六）足球发展模式比较

1. 足球强国的"金字塔"发展模式

"金字塔"形的足球发展模式是足球人才培养的科学模式。足球强国严格遵循"金字塔"形的足球发展模式是其足球运动水平不断提高的重要保证。以德国为例，目前德国足球人才培养体系最大的特点是以全国范围内的各级别业余足球俱乐部和学校足球为基础，通过人才培训和选拔过渡到青训中心、俱乐部一线队培养，通过对青少年足球运动员的重视与发展，为成年队输送了大量的后备力量，是一条"从学校到世界杯"的道路。

2. 我国未形成良好的足球发展模式

就我国足球运动发展历史来看，长期以来，我国各足球协会对青少年足球发展不够重视，基本上处在无统一管理的自发状态下。除此之外，我国的足球学校在组织管理上存在一定的问题，阻碍了优秀足球队员的培养与输送，在很大程度上浪费了大批优秀人才。随着我国对足球运动事业的重视，在市场经济条件下，逐渐形成了以传统项目学校、足球学校、业余足球俱乐部、职业足球俱乐部四级梯队为基础的多元人才培养体系。但是，目前来看，我国足球发展体系中还存在许多问题和不成熟的地方，我国足球运动在校园中的发展和提高还需要进一步地探索和实践。

四、校园足球训练理念的科学构建

中国足球的重构与发展需要建立系统化的、可持续发展的有效机制，其中校园足球的发展是中国足球发展的基础，对中国足球的未来发展起着决定性的作用，校园足球的训练对于球员自身的发展前景及中国足球的未来都至关重要。因此，在进行校园足球训练时，要采取相对科学化的方法，有效地进行训练。在我国青少年足球的训练中，重技术、轻理念的行为依然存在。在进行青少年足球训练时，必须要有一套相对完善科学、可持续化发展的训练理念。训练理念的提出，有助于青少年足球人才的长期发展，有助于培养更加全面的青少年足球运动员，对球员的未来发展起着重要的作用。

(一) 足球训练理念构建的方法举措

(1) 以组织领导支持为依托：由足球主管部门牵头，组织有关专家、学者、教练员深入研究青少年足球运动训练理念，并给予政策和资金支持，大力发展我国足球运动。

(2) 以教练员培训为有效促进：定期举办教练员培训班，不断提高教练员的执教水平和专业素质，加强教练员对足球技术的认识，以及对新训练知识、新训练理念的理解与把握，打造素质过硬的足球教练员和指导员队伍，为我国足球运动发展提供良好的师资保证。

(3) 重视足球训练理论研究：加大足球训练理论研究，及时把握世界足球运动发展新动态，掌握足球训练新理念，与时俱进，真正保持我国足球训练理念的先进性与前瞻性。

(4) 加强对外交流与合作：加强与世界足球强队的交流与学习，在借鉴中求发展，在发展中求创新，确立适应我国青少年足球运动发展的足球训练理念，并努力寻求和探索一条真正能促进我国足球运动发展的道路。

(二) 足球训练理念构建的组织保证

(1) 中国足协：中国足协应责无旁贷地确立并推行青少年足球教学训练理念，在政策及其他方面对青少年足球运动提出有效指导，切实推动我国各级足球教学训练工作的开展。

(2) 地方足协：地方足协是执行足球运动相关工作的主力军，对本地区的各类、各级别的球队负有管理和指导的权力和责任，在关注地方足球队训练指导上责无旁贷。我国各地足球队的组织和建设可以结合地方足协的教学和训练理念，结合不同阶段运动员的特点有针对性地开展实践活动。

(3) 教练员培训：教练员是影响足球训练实践和效果的一个重要因素。实践证明，当前改善我国足球教学训练的一个重要和有效的方法，就是利用球队的集训时间开展教练员培训工作，重点关注、检查足球训练理念的落实情况，以及新知识和技能的学习成效，使球队集训期间的教练员培训成为各梯队贯彻落实青少年足球训练理念工作链条上的一个重要组成部分，以确保科学的足球教学训练理念在足球训练实践中充分发挥其正确的指导作用。

第二节　校园足球训练控制

一、校园足球训练的原则与方法

（一）足球训练的原则

1. 趣味性原则

青少年足球运动训练中，训练的趣味性原则是提高运动员训练氛围和调整训练心态的关键所在。由于运动训练的枯燥和强度大的影响，许多青少年足球运动员会出现运动训练的心理疲劳，从而导致运动训练时注意力不集中、积极性不高，甚至是厌烦训练等情况，而这些情况会对足球运动训练效果产生极大的影响。因此，在青少年足球运动训练过程中，要遵守趣味性原则，尽量采用多样化的训练形式来提高足球运动员的训练积极性和自觉性，使其能够始终保持积极的态度进行足球训练。

2. 系统性原则

在青少年足球训练中，运动员无论是技战术能力还是体能上的发展，都需要经过从简到繁、由易到难、循序渐进的过程，这样才能得到有效的发展和提高。运动员也只有通过系统的足球训练才能充分地完成训练任务。在清晰的训练目标下，运动员离目标越近，其训练的信心、动力和成就感就会越足。

3. 重复性原则

青少年足球运动技能的学习，需要运动员坚持长期的重复性练习，才能实现从量变到质变的过程。足球运动员只有在不断的重复训练中，才能形成良好的动力定型。因此，遵守训练的重复性原则，是运动员提高自身足球运动技能的重要途径。

4. 注重细节性原则

在足球运动训练中，注意训练细节是球员顺利完成运动训练任务的重要保障。教练员在制订足球训练计划时，要对训练内容进行认真的分析，并将计划细化为训练的实施细则。还要注意对训练的细节提出严格细致的要求，并在训练实践中认真贯彻，做到一丝不苟。

5. 个体差异性原则

由于足球运动员不管是在技术水平，还是身体素质上都会存在一定的差异，因此在进行足球运动训练时必须遵循一定的个体差异性原则。教练员要根据训练对象的个体差异，区别地安排训练内容和运动负荷。对于能力强或者有天赋的足球运动员，要充分挖掘他们的潜力，同时，也不能忽视其他运动员，在训练和比赛中都要做到一视同仁、公平对待。

6. 练赛结合原则

运动员在进行足球运动训练时，一定要注意遵循练赛结合的原则，要将自己训练的内容、形式和要求尽可能地与足球比赛的实际情况保持一致，使训练最大限度地接近比赛。然后，通过比赛来对训练的成果进行检验，发现和分析其中存在的问题，并在今后的训练中予以解决。

(二) 足球训练的方法

1. 足球训练的基本方法

在足球训练中，常用的一般性方法主要有重复训练法、循环训练法、间歇训练法、变换训练法、比赛训练法、心理训练法、模拟训练法、综合训练法等，具体内容如下。

(1) 重复训练法：所谓重复训练法，指不改变动作结构和运动量，在相对固定的条件下，对某种动作采用同一运动负荷和相同的间歇时间进行多次练习，以达到增加运动负荷和巩固技能的目的。在足球训练实践中，重复训练法主要是通过多次重复同一动作或同组动作，不断强化运动员的运动条件反射的过程。关于重复训练法，可以根据不同的分类标准将其分为以下两类：

一是按练习时间长短，重复训练法可分为短时间（不足30秒）重复训练法（主要用于各种基本技术、高难技术的组合练习，以及有关速度素质和力量素质的发展）、中时间（0.5~2分钟）重复训练法（主要用于整套技术动作的练习）和长时间（2~5分钟）重复训练法。

二是按训练间歇方式，重复训练法可以分为连续重复训练法和间歇重复训练法，重复次数不同，对身体的作用不同，对巩固机能的作用也不同。

足球训练实践证实，重复训练法有利于运动员掌握和巩固技术动作，使机体产生较高的适应机制，有利于发展和提高足球运动员的技术水平和机体机能。

（2）循环训练法：循环训练法要求足球教练员根据具体的足球训练任务，把预先计划的多项训练内容设计成若干个站，在训练过程中让运动员按照一定顺序一站一站地进行练习，运用循环练习的方式周而复始、循环往复地进行练习的方法。一般情况下，开始时先练一个循环，过 2 3 周再增加一个循环，逐渐增加到 3~4 个循环，但最多不得超过 5 个循环。一次循环中应包括 6~14 个不同的练习，每个练习间歇为 45~60 秒，每个循环间歇为 2~3 分钟。该方法对刚刚参与足球训练的运动员较为适用。概括来讲，循环训练法的作用主要表现在以下三个方面：一是循环训练法有利于增强运动员的肌力、心肺机能，提高身体素质；二是循环训练法可消除枯燥感，机体肌肉的局部负担不重，不易疲劳，能调动运动员的积极性；三是循环训练法可因人而异地区别对待和解决负荷量问题，避免运动员出现过度紧张的状况。

在足球训练中，科学实施循环训练，要求训练应突出重点，因人而异地确定循环训练的负荷。例如，赛前训练要以套路训练为主，以基本功和基本动作训练为辅；而素质训练只能因人而异，同时，要防止局部疲劳积累而产生劳损。此外，在训练过程中应根据阶段训练任务的变更及时调整或变换训练内容及其负荷。

（3）间歇训练法：间歇训练法是指重复练习之间按严格规定的间歇时间休息后再进行练习的方法。训练中练习间歇时间的长短，取决于训练的目的、训练的强度、训练水平、身体状况。间歇训练法由五个基本要素构成，主要包括每次练习的数量、每次练习的负荷强度、重复次数（组）、间歇时间、休息方式。在超量负荷原理的指导下，足球训练可通过提高每次练习的强度，增加练习的重复次数，调整间歇时间。在规定间歇时间上必须做到科学、合理，训练负荷要符合足球运动员承受负荷的能力，过大或过小都不利于良好训练效果的实现。需要注意的是，参与足球训练的运动员必须在机体尚未完全恢复时就进行下一次练习。运动员采用间歇训练法参与足球运动训练，不仅能有效地提高呼吸机能，提高机体糖酵解能力和耐乳酸能力，还能在练习期间及间歇期间使运动员的心率保持在最佳范围之内，有助于改善运动员的心脏功能。

（4）变换训练法：变换训练法是指有目的地变换练习负荷、动作组合，以及变换练习环境、条件等情况进行训练的方法，可分为连续变换与间歇变换两大类。在足球训练中，变换训练法有着非常广泛的应用，如变换动作要求（动作速度、幅度、距离等）、变换动作形式（原地传球、跑动中传球）、变换动作组合

(原地接球射门、跑动中接球射门)、变换运动量（同一训练时间不断增加运动量、强度或运动量时大时小）、变换训练器材（用小球门等）、变换训练环境（馆内、露天、气候变化、高原训练）等。

（5）比赛训练法：比赛训练法是指组织竞争性的、有胜负结果的、以最大强度完成练习的训练方法，包括教学比赛、检查性比赛、适应性比赛等。比赛训练法对运动员参与足球训练的意义主要体现在以下两个方面：第一，比赛训练法能结合实战提高运动员的足球技战术、身体训练水平和心理素质；第二，比赛训练法能够调动运动员参与足球训练和比赛的积极性，可以激发斗志，促进运动员积极向上、克服困难，从而创造优异的比赛成绩。

（6）心理训练法：运用心理学的手段来提高运动员参与足球运动的心理素质和运动成绩的训练方法叫作"心理训练法"。心理训练法主要包括运动的语言暗示训练法、想象训练法、表象训练法、放松训练法和生物反馈训练法。心理训练与传统的身体训练、技术训练、战术训练、人格修炼相结合，构成了运动员足球训练的完整体系。

（7）模拟训练法：模拟训练是用一种模型去模拟另一个系统，并借助模型，通过训练实践进行方案比较的一种"逐次逼近"最佳化的训练方法。在足球训练中，模拟训练法主要适用于赛前训练。

（8）综合训练法：综合训练法是指把重复训练、循环训练、变换训练等各种训练法结合运用的一种综合性训练方法。在足球训练中，各种训练方法并不是单一存在和使用的，综合训练法的应用比较普遍。综合训练法可灵活地调节运动员的足球运动训练负荷，使其更圆满地达到训练要求，从而有效地发展运动员的运动素质，提高其足球运动技术水平。随着科学技术的进步，足球运动训练方法不断推陈出新、日新月异。目前，借助新的科学理论（系统论、控制论、信息论等），新模式的训练方法被不断提出，并在足球运动训练实践中得到了应用。

2. 足球训练的具体方法

（1）方格法：方格法即在进行训练时，将活动的区域固定在预先设计的方格内。这种训练方法受方格的大小、球门的数量、参加训练的人数等因素的影响。在训练时，教练员可根据实际情况设置训练的目的与任务，规定特定的规则，如在训练足球技术时，限制允许使用的足球技术动作。

如图 3-1 所示，除守门员外，两处均设中间人一名（以正方形"□"表示）帮助攻方进攻。即后场 3 攻 2 尽快发动转移进攻，前场接应转移长传，3 攻 2 快速射门。在上述练习的基础上可以提高练习难度，取消中间人，前后场均成 3 对 3（含守门员在内）。为了加快后场转移传球速度，或者加快前场突破射门速度，可对前、后场练习分别提出传球次数的限制。

（2）区域法：当球队进行某一区域的战术配合训练时，可采用区域法。根据实战需要，在某一区域开展训练。如图 3-2 所示，为提高中路 3 对 2 突破射门能力的练习，可以把练习范围控制在中路，以增强中路对抗性。

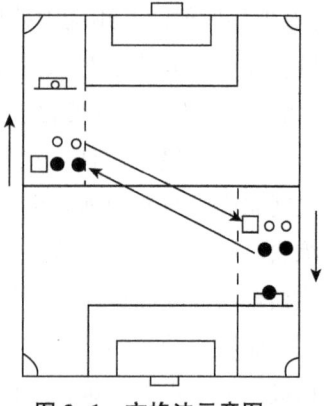

图 3-1 方格法示意图

（3）移植法：移植法即将一些比赛中常用的基本战术配合和打法编制成一种练习手段，在日常训练中合理地安排练习。这种方法具有实战性、针对性、创造性的特点。但是，这种训练方法需要教练员具有创新思维和设计能力，对其专业素养有较高的要求。在编制这些训练手段时，不能"一知半解"，应使运动员明确各战术的内涵特点，这样才能够取得理想的效果。

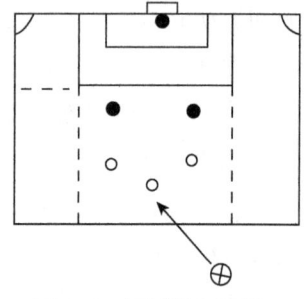

图 3-2 区域法示意图

（4）冻结法：在平时训练比赛中，教练员为了演示运动员位置利弊而暂时停止练习的一种训练方法。运用这种方法要特别注意预先约定信号。例如，"两声短哨"表明运动员被"冻结"在哨音响起时的位置上，运动员必须停在原位并保持静立。冻结练习时，教练员要充分地讲解其所在位置的利弊，并示范更好的位置。

（5）条件法：条件法也是较为重要的训练方法。在采用一些训练手段时，可附加一些训练条件，使训练更加具有针对性；或增加训练的难度，提高运动能力。应用该方法时，往往会给练习设置一个特殊要求，使练习的目的更突出。例如，在对运动员的快速传球能力进行训练时，就可以提出一次触球的要求等。但应当懂得条件是人为设置的，有时会脱离实战，所以限制条件的时间不要太长，10~15 分钟较为适宜。

(6) 计时法：计时法即为对不同的练习给予特定的时间限制来进行训练的方法。设置时间限制不仅能够合理利用时间，还能够更好地控制训练的密度和强度，保证训练的合理性。有经验的教练员往往能预先准确地确定练习时间。一旦练习时发生某些意外情况，也能及时、合理地调整练习时间。

(7) 对抗法：在训练中采用某一练习手段时，由攻守两方队员同时参与练习的一种训练方法。这是培养运动员技巧和提高全队整体战术打法水平的必由之路。在运用对抗法时，一般有消极对抗、积极对抗、比赛性对抗三个阶段。在对抗训练过程中，能够增强青少年足球运动员对技战术的理解和运用能力，并且对其自主意识和创新精神也有促进作用。

二、校园足球训练计划的制订

在青少年足球运动中，足球训练计划是为完成足球训练任务而制订的指导性文件。它对青少年足球运动训练工作起着积极的指导、调控作用。按照计划实施的时间长短，可以将训练计划分为五种类型，即多年训练计划、年度训练计划、阶段训练计划、周训练计划、课时训练计划。

(一) 足球多年训练计划的制订

多年训练计划是为完成组队的预期目标而制定的长远总体规划，对球队的长期训练有非常积极的指导作用。年度训练计划和阶段训练计划的制订都要以多年训练计划为主要依据。多年训练计划年限的确定，都是以球队性质和预期目标为主要依据的。通常情况下，多年训练计划的训练周期为两年、三年、四年。

多年训练计划是对球队多年训练过程中的全面训练工作的长期性总规划，是具有全局意义的战略性框架式最上位的计划。在制订多年训练计划时，可以按照以下五个步骤进行：

1. 客观、全面地分析足球运动队

通过对每名足球运动员的全面观察和了解，认真、细致地分析全队构成、技战术水平、身体素质状况、文化程度、年龄结构、思想作风等基本情况，对全队作出客观的现状评价。

2. 明确提出训练指导思想和预期训练目标

(1) 根据足球的基本发展情况、运动员本身的实际情况，以及训练的任务和目标，将训练指导思想确定下来。

（2）要以"从实战需要出发"为核心原则，建立科学、客观、合理的足球训练目标和任务。

3. 确定训练分段和各阶段的任务和内容

多年训练计划可以分为全程性多年训练计划和区间性多年训练计划两种。训练分段及其主要任务和重点内容在这两种形式中的不同阶段得到了充分的体现。

足球全程性多年训练计划通常可以分为以下四个阶段：

（1）基础训练阶段，一般为期3~5年。

（2）专项提高阶段，一般为期4~6年。

（3）最佳竞技阶段，一般为期4~8年。

（4）竞技保持阶段，一般为期2~5年。

这四个阶段的训练任务和内容都有一定的区别。区间性多年训练计划，也应依此按年度制订。

4. 科学、合理地安排训练负荷和比赛序列

在全程性多年训练计划中，不同的训练阶段对训练负荷的要求也不一样。例如，在基础训练阶段中，要循序渐进地安排训练负荷，注意训练负荷不要过大；在专项提高和最佳竞技阶段，应该以一年为单位逐渐增加训练负荷，并不断向负荷极限逼近，使负荷在高水平区间起伏；在竞技保持阶段，足球运动的训练负荷应该保持强度，恰当减量。对区间性多年训练计划负荷的安排，主要有两种形式，一种是以一年为周期，在周期内和周期间波浪式地增加训练负荷；另一种是在专项提高阶段，采用逐年增加负荷的安排。

5. 拟订训练计划的检查措施

相关的检查措施可以结合考评制度、奖罚措施与达标进度等进行选择。

（二）足球年度训练计划的制订

青少年足球运动的年度训练计划是将多年训练计划细化为以年为单位的周期性训练计划。年度训练计划的制订是以多年训练计划中规定的任务、内容和要求，以及上一年度训练结果的实际情况为主要依据进行的。它也属于战略性框架式上位计划。在制订青少年足球运动年度训练计划时，可以按照以下五个步骤进行：

1. 全面分析足球运动队情况

全面地了解和认识全队初始状况或上一年度训练的进展情况及存在的问题，细致地分析目前球队在技战术、身体素质、思想作风等方面的实际状况。

2. 确定训练指导思想和年度训练目标

要以当前足球运动的发展现状和训练方针为前提，提出符合足球运动队发展需求的科学化训练指导思想。在确定奋斗目标时，要充分考虑的因素主要有当年力争达到的训练效果、能力水平和比赛成绩等。

3. 明确训练的任务和手段

在确定训练任务时，要充分考虑足球运动员的身体素质发展、技战术能力及作风培养等方面的内容，并将这些方面的主要内容详细列出。另外，训练任务的确定还要充分反映本年度的训练特点。对于训练手段的确定，既要符合训练任务的内容，又要有较强的实效性。

4. 合理安排训练阶段和阶段训练任务

在进行训练阶段安排时，要根据全年拟参加的 1~2 个主要比赛，确定 1~2 个训练周期，并将每个周期分为三个阶段，即准备阶段、竞赛阶段和过渡阶段，各个阶段具体的训练实践要根据实际需要来进行确定。在训练阶段划分完成之后，要将各项内容分别在各阶段中列出，具体包括阶段所处月份、训练时数和课数、主要训练任务、各项训练内容百分比，以及负荷量和强度水平指标等。

5. 制订有效的训练效果的检测与保证措施

通常可以通过考核、测评和统计等措施制订出效果检测计划，需要注意的是，在训练计划中要将内容、项目和指标都一一列出。而保证措施的制订主要是从有利于完成年度任务的角度多方面综合考虑来进行的。

(三) 足球阶段训练计划的制订

阶段训练计划的制订是以年度训练计划为主要依据的，阶段训练计划要在各个训练阶段，科学合理地安排足球训练的任务、内容、进度、负荷、要求等具体内容。在足球运动训练领域对阶段训练计划的引用主要包括准备期、冬训、夏训、比赛期、重要赛事集训等。这一训练计划具有时间跨度较小的特点，因此，通常可按训练周期或逐月制订。在制订足球阶段训练计划时，可以按照以下五个步骤进行：

1. 明确提出本阶段的训练目标和任务

阶段训练计划是以年度的训练任务与不同训练阶段的特点为主要依据而制订的。该训练计划的目标和任务具有较为显著的针对性和可操作性特点。

2. 确定本阶段训练的时间和时数

确定训练时间的主要依据是周期特点（全年单周期、双周期或短期集训）与周期的阶段性质（准备、竞赛过渡）。但是，需要注意的是，一个阶段的训练时间最短不应低于两周。其中，准备阶段的训练时间可稍长一些；竞赛阶段的训练时间要以竞赛的实际需要为主要依据来确定；过渡阶段的训练时间则通常定为四周。每次课训练时数的总和，就是阶段训练总时数。

3. 合理分配训练内容和比重

各阶段的训练内容基本上都会包括身体素质、技战术和比赛等。但是，由于各个阶段的训练任务不同，就在很大程度上决定了各个阶段所选择的训练内容及比重也会有一定的差异性，应该有针对性地进行选择和分配。

4. 科学、合理地安排训练负荷

由于各个阶段的训练任务和内容都有一定的差别，因此，各个阶段所采用的训练负荷特点也不相同，应有所侧重地进行合理的安排。一般情况下，准备阶段中第一小段的负荷量和强度都逐渐增大，以量的增长为主，要使一般训练的练习量和为专项训练打基础的练习量在此小段内达到全周期的最高值，负荷的平均强度应小于后续小段；第二小段则应该减少负荷量，增大负荷强度。竞赛阶段训练负荷的量和强度基本上都是在本阶段内呈波浪形变动的。休整阶段训练负荷的量和强度则是呈下降趋势的。

5. 制订详细的检查措施

通常情况下，技术测验、身体测验、教学比赛或练习比赛中的技战术统计等是经常使用的检查措施，在运用这些措施时，需要将其具体项目及应达到的指标详细列出来。另外，生理、生化的指标也可以运用到检查工作中，但由于对检查的要求较高，很少被采用。

(四) 足球周训练计划的制订

足球周训练计划是为进行一周的训练而制订的训练计划。周训练的任务、内容和负荷等方面都是以阶段训练计划为主要依据来确定的。周训练计划属于具体的实施性计划。在制订足球周训练计划时，可以按照以下五个步骤进行。

1. 明确足球训练任务

在不同的训练阶段，每周的训练任务都是不一样的，而且即使是在同阶段的一个周中，训练内容也是具有延续性和递进性特点的，因此应该将具体的训练任务明确下来。

2. 确定训练的次数和时间

每周训练次数要以运动员的实际体、技能水平为依据来确定。通常情况下，5~9岁处于基础训练阶段，训练次数可定为每周3~5次；9~13岁属于提高阶段，训练次数可定为每周5~8次；13~17岁属于高水平阶段，训练次数可定为每周8~12次；18岁以上属于最高水平的训练，训练次数可定为每周8~20次。周训练的时间要落实到每次课的训练时数。

3. 确定训练内容

在周训练内容中，应科学合理地安排技战术、身体素质、心智等训练内容，具体可以根据实际需要，侧重于某一方面的内容。

4. 确定运动负荷

周训练负荷的合理安排，主要是指应大、中、小有机结合，使负荷量与负荷强度呈波浪式变化。

5. 确定训练手段和方法

青少年足球训练手段和方法的科学选择，应以所安排的训练内容及负荷要求为主要依据，并且保证通过相应的训练手段和方法完成训练任务。

(五) 足球课时训练计划的制订

所谓的课时训练计划，就是依据周训练计划制订的每次训练课的具体安排。它所包括的内容有很多，大致分为三大类：一是训练课的任务、结构、时间、负荷，以及训练方法、手段和组织；二是恢复措施；三是场地、器材、设备等。足

球课时训练计划是最具体、最详细、最下位的实施计划。在制订时,可以按照以下六个步骤进行:

1. 确定训练课的任务

通常,训练课的任务包括很多方面的内容,如身体素质、心理素质、技战术、比赛等。同时,足球训练课的任务选择也是比较灵活的,单一也可,综合也可。一般情况下,都会只确定1~2个主要任务,其他则主要围绕主要任务进行。具体来说,还要以学习、掌握、巩固、改进、提高和发展等性质为主要依据,有针对性地进行选择。

2. 根据课的结构合理安排训练的内容和时间

从理论上来说,训练课的结构大致由四个阶段构成,即开始部分、准备部分、基本部分、结束部分。在实践运用中,通常将开始部分和准备部分合并起来运用,就成了三段式结构。准备部分的内容主要包括例行课堂常规及一般性和专门性热身的准备活动。这部分的准备可以根据个人情况和实际需要而定,能够达到为青少年足球运动员进入基本部分的训练做好身体和心理上的准备的目的。基本部分是完成本课任务的主要环节,其主要的训练内容包括技战术、身体素质等,这部分训练的时间应以15~30分钟为宜,占全课时间的80%。结束部分主要是通过有效的整理活动达到消除疲劳的目的,主要内容包括全身性伸展、放松慢跑、深呼吸运动及专门性放松活动,如抖动肌肉、按摩等,时间通常为5分钟左右。

3. 确定科学的训练课组织形式

训练课组织形式的确定,应该以本次训练课的任务及队员的技术能力、位置、实战需要等情况为主要依据。另外,一个科学合理的训练课组织形式,还要符合充分发挥教练员的指导才能与作用,以及充分利用场地器材和本次课的时间的要求。只有符合以上几个方面要求的组织形式,才能够取得较为理想的课堂训练效果。

4. 合理地安排训练课的运动负荷

全课运动负荷应该以周训练计划的负荷为主要依据,结合足球运动员体能恢复实际情况来进行预计。在预计本堂课的运动负荷时,应该充分考虑相关影响因素,如全课的负荷量变化曲线、平均负荷、大负荷高峰出现的次数和时间及持续时间、课中的调整与恢复,以及结束部分的放松和恢复。对于训练任务不同的训练课,应根据其主要特点来对运动负荷进行较为准确的预计与选择。例如,在以对抗为主的综合性大负荷的足球训练课中,其运动负荷应该接近于正常比赛的负荷。

5. 积极准备和计划训练所需的场地和器材

要对足球训练课的内容、手段与方法进行较为充分的了解,并以此为依据,做好场地画线、需用球门数、标志物、号码衣等器材品种、数量的准备与布置等工作。

6. 拟订测评计划

在训练课中,要对场地进行记录与统计,并对训练课的时间、技术动作次数、运动距离等着重定量检查。除此之外,还要定性评价对抗活动的激烈程度与效果等,这样往往能够达到有效控制足球训练课的目的。

三、校园足球训练的负荷安排

运动负荷就是运动员在足球训练过程中所承受的负荷量,它对青少年足球运动员的生理和心理都会产生一定的刺激作用,对运动员的训练水平产生极为重要的影响。从运动心理学意义上来说,运动负荷能够培养人的意志力,促使运动员形成顽强的意志品质。在足球训练中,一定要注意训练负荷的科学安排。

(一)决定足球训练负荷大小的因素

在足球训练中,影响运动员训练的因素有很多,既有运动员自身的因素,也有外在的因素,这些因素都能对运动员的训练负荷产生一定的影响。具体来说,对运动训练负荷具有决定性作用的因素主要包括以下三个方面。

1. 足球运动训练的周期节律

足球运动员机体能力的提高、状态的发展和变化、运动员训练比赛的客观环境等都具有一定的周期性特点。另外,运动员本身的体能、技能、心理能力的结构也具有周期性的特点。足球运动各个阶段的训练目标各不相同,不同的训练阶段对运动负荷量的要求也存在很大的差别。例如,在足球训练的准备期,运动负荷量较大,训练强度应逐渐提高;在足球训练的比赛期,训练的负荷量较小,训练的强度却明显提高；在足球训练的休整期，训练的负荷量与训练强度都应该适当减小。由此可见，足球训练的周期性特点对训练负荷量的大小有十分重要的影响。

2. 足球运动员的承受能力

一般来说，运动负荷越大，在获得超量恢复后，运动员就能得到理想的训练效果。但是，运动负荷也有一定的限度，如果超过了运动员承受负荷的能力，其作用则会适得其反，有时甚至还会造成比较严重的运动伤病。由此可见，足球运动员自身的身体素质对运动负荷的承受能力是决定运动训练负荷量的重要因素，同时也决定了足球训练最终取得的效果。

除此之外，青少年足球运动员的年龄、性别、健康状况、训练水平、前次负荷后的恢复情况、心理状态等因素都会对运动员的承受能力产生不同程度的影响。因此，在制订足球训练计划时，要结合其身心发展的特点和规律，以及个体的具体实际进行，要做到因人而异，合理地安排运动负荷。

3. 足球运动专项的需要

足球运动的负荷特点主要体现在两个方面：一是负荷的侧重点；二是负荷的大小。在足球训练中，要想获得理想的训练效果，就应该根据青少年足球运动的专项特点制订符合青少年足球运动专项需要的运动负荷量。由此可见，足球运动的专项特点与比赛的需要在一定程度上也决定着训练负荷量的大小。

(二) 判断足球训练负荷是否适宜的方法

在足球训练中，合理判断训练负荷的适宜程度对足球训练水平的发展和提高有非常重要的意义。合理地判断训练负荷、有效地控制负荷量大小是足球运动员进行训练的基本前提。一般来说，判断训练负荷适宜程度的方法主要有以下两种。

1. 从生理学角度进行判断

在足球训练中，运动员的生理特点会随着训练负荷强度的增减而变化，这些特点主要包括运动员的心率、糖代谢、脂肪代谢等生理、生化的各项指标。在实际的足球训练中，一定要注意运动负荷的合理判断，选择科学、有效的判断方法，迅速、简便、准确地对运动负荷进行判断。一般来说，运动员心率比其他生理特点更为明显可测，因此，心率也就成了判断训练负荷适宜程度的重要指标。除此以外，血液检测与尿液检测也是判断训练负荷的重要手段，应用较为广泛。

2. 从心理学角度进行判断

在足球训练中，运动员的心理不是一成不变的，会受到多方面因素的影响。这些因素主要包括所承受的训练负荷、动机、情绪、能力、意志与兴趣等。其中，训练负荷是最为重要的因素。大量的运动实践表明，足球运动的任何心理反应都能从人的主观感觉、心理操作、实际活动中被充分地表现出来。例如，在大型比赛之前，常常会有运动员由于压力过大或者太过激动、紧张而失眠。由此可见，通过心理反应的情况来判断训练负荷的适宜程度也是一种重要的方式。

(三) 训练负荷主要的调控形式

在足球训练中，运动员所承受的训练负荷不可能一直处于直线升高的状态，这是由于其受人体的生理适应能力与恢复能力的影响。因此，一般运动负荷的规律是负荷—恢复—超量恢复，遵循这个规律就能合理有效地控制训练负荷。具体来说，调控运动训练负荷的形式主要有以下五种：

（1）渐进式。渐进式调控是足球训练常用的一种调控方法，它主要用于对较短训练过程的调控。渐进式调控指的就是足球训练的运动量按照一定的规律斜线上升的方式。

（2）恒量式。恒量式调控是指在足球训练的过程中，运动员的运动量在一定的训练阶段保持在一个相对稳定的水平，没有明显变化的形式。恒量式调控适用于足球训练的整个过程。

（3）阶梯式。阶梯式调控的形式表现为上升—保持—上升。这种运动量阶梯式上升的调控方式通常用于比赛前期的负荷安排中。

（4）波浪式。波浪式调控的形式主要表现为上升—保持—下降—再上升。这是一种加大运动负荷的调控形式，在足球技战术训练的不同时期都可以采用。

（5）跳跃式。跳跃式调控的原理是通过运动负荷的巨大变化打破原有的动态平衡，进而使运动员产生明显的超量恢复，从而提高运动员的身体素质与技战术水平。跳跃式调控的难度较大，一般只适用于运动水平较高的运动员，对于经验不足和运动水平不高的足球运动员来说，要谨慎采用。

（四）训练负荷的合理安排

在足球训练过程中，合理安排运动负荷至关重要。在训练过程中，青少年足球运动员的承受能力、专项竞技的需要、训练的周期节律等因素都会对运动负荷产生一定的影响。因此，在安排训练负荷时要进行综合考虑，采取相应的措施。

1. 根据客观需要与具体情况科学制定运动量

在足球训练中，其训练的过程可以划分为多个阶段，每个阶段都有不同的任务、目标与内容，并且每个阶段的运动量也不尽相同。因此，在安排运动量时，一定要结合运动员的具体实际情况进行合理安排。青少年足球运动员对运动负荷的适应能力，是可以逐步提高的，要想获得理想的训练效果，就要逐渐增加运动负荷量，其遵循的基本原则为：加大—适应—再加大—再适应。通过这个过程，能够有效地提升足球运动员的训练水平。此外，负荷—恢复—超量恢复的生理规律也在安排训练负荷时起到积极的指导作用，能够达到合理搭配运动量与休息的目的，从而获得理想的训练效果。

2. 合理调整训练计划

足球训练要坚持遵循合理的训练计划，即教练员为即将开展的训练预先提出的设计方案。在整个足球训练过程中，足球运动员会不可避免地受到一些干扰，导致训练计划不能顺利执行或者达不到预期的效果。这就需要教练员及时了解和掌握青少年足球运动员的实际情况，合理地调整训练计划。

3. 根据负荷与恢复的关系合理安排训练时间

对于青少年足球训练而言，没有一定的运动负荷就不会有恢复，更不会产生超量恢复，在这样的情况下，运动员的运动水平也就难以得到提升。运动负荷与运动恢复是一个相互联系、相辅相成的统一体。青少年足球运动员在训练过程中要高度注意，当运动负荷积累到一定程度，就应该进行适当的恢复，以免出现过度疲劳，影响身体健康，进而产生不必要的运动损伤。同时，还要注意安排充分的间歇时间，从而保证超量恢复的实现。足球运动间歇时间的长短、运动员接受负荷的能力，以及恢复的机能水平都与负荷的大小成正相关。此外，负荷的性质也在很大程度上决定着恢复的快慢。

四、校园足球训练的疲劳恢复

(一) 疲劳的概述

1. 疲劳的概念

疲劳是人体正常的反应,它在身体受到一定的运动负荷时产生,是机体出现暂时性的机能下降的一种现象。当疲劳出现后,经过适当时间休息和调整即可恢复。从某种意义上讲,生命是生物能量存在的一种形式,是能量集聚、转换和耗散的一种过程。机体一旦产生疲劳,就会出现暂时性的机体机能下降的现象。当疲劳出现后,大多数经过适当时间休息和调整即可恢复。人们在相等的自然环境下参与日常的工作、生活,然而无论参与何种活动,都会消耗人体内的能量,即便是在睡眠时也会有一定能量消耗,以维持最基础的生命活动,而活动越激烈,消耗能量的速度就越快,表现为活动效率在持续一定时间后都会出现下降现象,这就是机体疲劳的表现。因此,疲劳是由人的基本生理特性所决定的,它是人体生理性的,不可能从主观方面避免。

2. 运动疲劳产生的生理本质

疲劳是人体运动中一种正常的生理反应,机体在运动中由于能量消耗、代谢物堆积等,必然会产生一定的运动疲劳,它本身对机体是无害的。它的本质是人体在持续一段时间的运动后,其运动能力、身体功能等都出现暂时性下降的现象。某种程度上来说,运动损伤可以为人提供一种生理警告信号,是科学运动的重要生理信号。

生理学研究表明,机体的运动疲劳是一个具有综合性的生理过程。一般来说,运动中的代谢产物形成堆积会产生疲劳;运动中过多地消耗机体内能量,造成能源物质流失量过大也会产生疲劳;长时间运动时出汗过多,导致体内电解质失衡,使机体内环境不稳定还会产生疲劳。在运动中,主观的疲劳感是机体发出的主观疲劳信号,而人体的疲劳感会因为神经细胞抑制过程而变得更加强烈。此时,人的情绪意志状态与人体功能潜力的充分动员关系极大。因此,保持良好的情绪意志,可以有效地激发其机体的运动潜能,推迟运动疲劳的发生。

一般来说,运动中的疲劳产生,通常会有两个阶段,分别是代偿性疲劳阶段和非代偿性疲劳阶段。处于代偿性疲劳阶段时,其运动能力是靠增强中枢神经系统的兴奋性和机体其他系统更加紧张的活动得以维持，在这一阶段，人体能量消耗会增多，每个动作的结构也会发生相应的变化。例如，在步幅缩小的情况下，通过增加动作速率维持跑速。而当人体处于非代偿性疲劳阶段时，其运动能力会出现下降，这种状态很难被人自身克服。

（二）足球训练疲劳的判断方法

在足球训练中，出现运动疲劳是无法避免的，为了更及时地洞察疲劳的出现，以便采取最佳的措施，就需要对疲劳进行准确的判断。运动员运动疲劳的判断方法主要有以下两种：

1. 观察法

所谓观察法，是指教练员（教师）观察运动员在足球训练中是否有疲劳表现的方法。其主要观察运动员在运动中的外在表现，如是否出现面色苍白、反应迟缓、情绪改变等现象。在运动状态上还可以观察运动员技术动作是否出现了做不到位、动作衔接脱节等情况。当出现上述情况时，则可判断其出现了运动疲劳。

2. 感觉法

在足球训练期间，最了解自身情况的是运动员本身，依靠他们的主观感觉判断疲劳产生的准确率较高。当运动员自我感觉疲乏、心悸、头疼、恶心、四肢无力等，则几乎可以被判定为运动疲劳。一般来说，运动性疲劳往往最先表现为心理上的疲劳，运动员自我感觉疲倦或者疲惫，主观上要求休息。其实身体还没有真正疲劳，可以再坚持一段时间。当运动员自我感觉运动积极性下降，出现呼吸紊乱、口干舌燥、心悸、恶心、头部昏沉、动作迟钝、脚步沉重等症状时，说明已处于疲劳状态。一般来说，疲劳的自觉症状可参考以下三个标准进行自我判断。

（1）精神症状：头脑不清醒，头昏眼花；厌于思考问题；不爱动，不爱说话；精神涣散，呆滞迟钝；做事没信心，出错；对事情不积极或不放心，事事操心；敏感、固执、孤僻、沮丧、缺乏兴趣；记忆力减退；厌烦训练；睡眠不好等。

（2）躯体症状：头沉，头痛；全身懒倦，身体无力、疼痛或抽筋，肩膀发酸；呼吸困难、气短；没有唾液、口发干，打哈欠，出冷汗；动作不协调，不精确；心悸，呼吸紊乱等。

（3）神经症状：眼睛疲劳，眼冒金星，眼无神，眼睛发涩、发干；动作不灵活、出错；腿脚发软，脚步不稳；味觉改变；听觉迟钝，耳鸣；手脚发颤；不能安静；恶心，食欲不振等。

足球训练过程中，运动员可根据自觉症状的多少判断疲劳的性质和程度。一般来说，上述症状表现越多，疲劳程度越深。一旦出现疲劳，应及时调整运动计划和内容。

（三）足球训练疲劳的恢复方法

足球训练中，运动员疲劳的恢复措施主要包括劳逸结合、饮食营养、心理疗法、中医疗法、音乐疗法等，具体内容如下：

1. 劳逸结合

实践证明，劳逸结合可有效消除运动性疲劳。结合不同运动员的
运动状况，劳逸结合应重视以下三点：

（1）睡眠：良好的睡眠可有效消除疲劳，这是由于人体在睡眠状态下各器官、系统活动会下降到最低水平，这时，机体的物质代谢减弱，能量消耗也维持在最低水平，合成代谢有所加强，可有效恢复机体消耗的能源物质。在运动训练后，保证良好而充足的睡眠是使身体得到恢复的重要措施。充足的睡眠可以有效缓解运动性疲劳，因此，参与足球训练的运动员必须遵守一定的作息制度，从而保证睡眠的时间和质量，并讲究睡眠卫生。

（2）热身和整理活动：首先，在足球训练前，做好热身准备，可以充分发挥运动员的机体适应能力，提高运动员身体各项运动能力对负荷的适应和机体活力，可有效延缓运动疲劳的产生。其次，在足球训练后，做好放松与整理活动。放松与整理活动是消除运动中疲劳、促进体力恢复的一种有效的主动恢复手段。运动训练后的放松与整理活动能够使呼吸系统、神经系统、心血管系统、内分泌系统等从适应运动的状态慢慢地恢复到安静状态。运动员可以通过慢跑和呼吸体操消除疲劳，或在运动训练后通过做肌肉、韧带拉伸等放松练习来消除运动疲劳。

（3）积极休息：所谓积极性休息，即活动性休息，它是消除运动性疲劳的有效方法之一，这种方法能够有效促进全身血液循环，加速乳酸消除的目的。在运

动员日常足球训练中，主要进行轻微运动，如散步、变换活动部位等。

2. 饮食营养

（1）合理饮食：合理安排饮食营养，不仅可以有效地增进运动员的身体健康，改善体内环境，增加体内能源物质的贮备，这一方法还对推迟运动员运动疲劳具有非常重要的意义。

（2）补充营养：根据前面的疲劳产生机制中的能源物质衰竭导致疲劳说，营养物质的消耗会导致疲劳产生，因此，适当补充营养物质自然可以减缓和预防运动性疲劳，并促进疲劳的恢复。在运动员养成健康体质及提高运动水平的过程中，适当补充营养是必不可少的。进行合理的营养补充能够使机体消除疲劳并恢复到最佳生理状态。在日常的足球训练中，运动员可结合自身情况适当补充营养，以此来补充机体生理活动所消耗的物质，修复体内受损结构，从而消除疲劳。足球训练期间，运动员应及时补充的物质包括糖、蛋白质、矿物质及各类维生素（如维生素 A、维生素 B_1、维生素 B_2、维生素 C、维生素 E 等）。

3. 心理疗法

（1）加强心理因素：心理作用也是疲劳产生的原因之一。在有些环境下，心理作用甚至成为疲劳的主要产生因素。为此，就需要在日常加强意志品质的训练，提高运动员心理素质，从而有效地改善他们的精神状态，延缓运动疲劳产生的时间和堆积速度。

（2）心理调节：实践证明，运用心理学对大脑皮层的技能来调节和消除机体疲劳十分有效。心理学方面消除疲劳的方法在运用时，只要环境温暖、舒适、安静，没有直射的阳光即可，受到的限制很小。具体来说，采用心理调节是通过一系列引导词来帮助运动员做一些适当的放松练习，练习时间以持续 20~30 分钟为宜。例如，进行表象和冥想，每天睡前、醒后都像过电影一样；进行自我积极暗示，运动员在训练中产生疲劳后可以自己对自己默念"自己没问题""还可以更好""不能放弃"等语言。现实中，心理调节法和音乐疗法通常结合起来使用，在进行心理调节过程中配上舒缓的音乐则效果更佳。

4. 中医疗法

掌握简单的疲劳恢复的中医疗法有助于运动员在日常训练中有针对性地消除疲劳。常见的方法有拔罐、针灸、按摩等，下面主要就这三种方法进行介绍。

（1）拔罐：拔罐法是一种典型的中医疗法，主要是针对运动后局部严重疲劳并伴有损伤的局部性疲劳的恢复。拔罐法的原理在于,在拔罐时,身体的局部负压作用能够使组织内的瘀血散于体表,使组织代谢产物的排泄更加顺畅,从而可以有效消除疲劳。

（2）针灸：针灸是传统中医疗法的一种,它主要是针对不同的疲劳程度进行的治疗。在相应的疲劳位置进行针灸的方法是非常有效的,如肌肉疲劳可采用穴位针刺的方法。消除全身疲劳,则主要采取针扎强壮穴——足三里的方法。艾灸是中医针灸的一种,产生于中国远古时代,它的作用机理和针疗有相近之处,点燃用艾叶制成的艾炷、艾条,熏烤人体的穴位以达到保健效果。局部疲劳的消除则可采取配合间动电电针消除疲劳的方法。

（3）按摩：按摩是消除疲劳的很好方法。用推拿、按摩消除运动疲劳是经济简便的,既不需要特殊医疗设备,又可以避免时间、地点和气候等因素带来的限制,随时随地都可实施。常见的按摩方法主要有人工按摩、机械按摩、水力按摩、气压按摩等,运动员可结合自身经济条件进行选择。按摩的手法要以揉捏为主,并且交替使用按压、叩击等手法。以消除疲劳为目的的按摩要在运动后进行,按摩时间根据疲劳程度通常设定在30~60分钟。

5. 音乐疗法

音乐是一种有规律的波动,思维和情绪也是一种波动。音乐可以影响人的心理活动,对人的神经系统可产生刺激作用,因此,青少年足球运动员可以通过听音乐的方法来消除机体疲劳。在长时间的足球训练后,舒缓的音乐可以极大地缓解中枢神经系统的疲劳,同时还能够调节循环系统、呼吸系统及肌肉的功能。

第三节　校园足球运动员的体能素质训练

一、体能特征

（一）新陈代谢特征

足球运动员的新陈代谢是运动员与外界环境的物质和能量交换,以及生物体内物质和能量的转变过程,通常将其分为物质代谢和能量代谢两个方面。对于青少年足球运动员来说,其身体发育还未完全成熟,因此,其体内的物质代谢与能量代谢都处于一个较高的水平,加上专业的足球训练会加快身体新陈代谢的速度，使足球运动员身体机能处于一个较为活跃的水平。可以说青春发育期是足球运动员增强体质、发展运动能力的一个重要时期。

（二）神经系统特征

在机体发育过程中，神经系统的发育是最早、最快的，基本在少年时期就已经发育成熟了。足球运动员在这一时期要注意锻炼神经系统的功能，虽然这一时期大脑皮质中兴奋和抑制两个过程并不能保持均衡，通常兴奋过程占优势，抑制过程相对较弱。但是足球运动员会随着训练时间的推移，促进大脑的进一步发育，提高神经过程的灵活性，并逐渐使自己的神经系统机能达到成年人的水平。在这一时期，运动员的第二信号系统（指抽象的刺激信号，如语言、文字）发展也非常迅速，它比第一信号系统（指具体的刺激信号，如声、光、电等）更加完善，分析与综合能力显著提高。

（三）心血管系统特征

人体的心血管系统主要由心脏和血管两部分组成，它在人体的新陈代谢过程中起到了运输的重要作用，也是机体最晚发育完全的一个系统。心血管系统的健全是人体保持身体健康的重要标志。足球运动员的心血管系统功能会比一般人强，这是由于在长时间的足球训练过程中，其心脏收缩力会增强，每搏输出量增大，心率缓慢，收缩压增高，从而使血液供应适应机体负荷增大的需要，能承受较大的运动负荷。

（四）运动系统特征

人体的运动系统主要由骨骼、关节和肌肉三个部分组成。通常人体的骨骼发育一般在 25 岁左右完成。随着年龄的增长，骨骼内质地较柔软的有机物和水分逐渐减少，较坚硬的无机物逐渐增加，骨密质增多，骨骼变粗、变硬，能承受较大压力。足球运动员在训练过程中，会促进个体骨骼的发展，增强关节囊韧带的力量和伸展性，使关节周围的肌肉细长，因此，足球运动员的关节活动范围要比一般人大。在长期的足球运动训练中，运动员的肌肉功能也会强于一般人，肌肉中的水分会明显减少，有机物增多，肌纤维增粗，横向发展较快，肌肉重量不断增加，肌力增强。

（五）呼吸系统特征

足球运动员的呼吸系统相比于一般人其功能要强很多，其中最主要的特点就反映在个体的肺活量上。足球训练使运动员的肺脏横径和纵径都得到了增加，肺泡体积也随之增加，加上呼吸肌增强，频率减慢，深度加大，肺活量自然就增大，呼吸系统的功能也就越强。

二、力量训练

（一）力量素质要求

参与足球运动，不仅要有持续较长时间的耐力性力量，而且还要有在瞬间就能发挥出来的爆发力。鉴于此，就要求全面地提高红肌纤维、白肌纤维质量，并且在此基础上对提高白肌纤维的质量引起高度的重视。训练中，可以以不同负荷重量时参与活动的肌纤维也不同的规律为主要依据，有针对性地进行相应的训练。例如，当采用本人最大力量的 1/2 以上负荷时，参与活动的主要是白肌纤维；采用本人最大力量的 1/4 以下负荷时，参与活动的是红肌纤维。采用结合足球专项特点的中、小负荷练习，能够使中枢神经系统功能调节的一致性得到有效的改善，同时，也使肌肉群之间的协调关系得到改善。训练中对技术动作和练习手段进行必要的生物力学分析，使技术动作或练习手段达到骨杠杆的最佳机械效率，可提高动作及其用力特点来选择恰当的训练方法。为了达到这一目的，需要做到以下三点：第一，要充分锻炼参与运动的肌肉，这样才能够保证在训练时取得理想的效果；第二，练习手段的用力必须与专项动作肌肉收缩时的支撑条件相符；第三，必须把速度放在首要位置。

（二）足球一般力量素质训练方法

一般力量素质训练方法的种类很多，如徒手下蹲跳、伸髋、斜板屈膝仰卧起坐、伸背练习、窄握下压、宽握引体向上、垫高小腿仰卧起坐等方式，在此不一一介绍。

(三) 足球专项力量素质训练

1. 腿部力量素质训练

（1）单腿或双腿起跳摸高或用头触球练习。

（2）多球的连续跳起空中头顶球、空中敲球、空中传球练习。

（3）连续向前并腿或单腿跳练习。

（4）立定跳远、多级跳远、蛙跳、助跑跳远练习。

（5）肩负杠铃或手握哑铃连续向上跳。

（6）双脚连续跳台阶、单腿交替跳台阶、向两侧跨跳、单腿连续跳练习。

（7）小腿负重踢球：要求在不影响正确动作规格的前提下尽力踢球。

（8）肩扛杠铃：做提踵或脚掌走，肩负杠铃由站姿下降至深蹲。

（9）利用不同高度的凳子、桌子或跳台依次做杠铃深蹲、半蹲、提踵，壶铃蹲跳等练习。

（10）仰卧小腿屈伸：通过髋关节和膝关节发力使重物平台下降，膝关节弯曲90°后还原。

（11）腿部伸展：通过伸展膝关节使小腿上举至全腿伸直，还原后再重复做。

2. 腰腹力量素质训练

（1）仰卧起坐、仰卧举腿、仰卧快速屈体练习。

（2）原地或行进间收腹跳、向后展腹跳练习。

（3）俯卧撑收腹收腿，单杠悬垂举腿、悬垂双腿画圆圈。

（4）侧卧体侧屈、俯卧体后屈练习。

（5）跳起空中转体或收腹用力顶球练习。

（6）仰卧，两脚夹球离地15～20厘米，以腰为圆心画圆。

（7）起跳后空中转体或收腹用力顶球练习。

（8）展腹跳：爆发起跳并充分展腹爆发起跳并向后屈膝，两手触脚跟。

（9）肩负杠铃做体前屈或转体，抓举杠铃。

3. 颈部、上肢和肩背力量素质训练

（1）双手俯卧撑的同时，双脚向侧、前跳移。

（2）利用双杠双臂屈伸、单杠引体向上、杠铃推举。

（3）大力掷界外球、掷超重球、掷实心球。

（4）双杠双臂屈伸，单杠引体向上。

（5）在垫上做颈桥并推举哑铃、壶铃或轻杠铃。

（6）双手扶头，在颈部转动时给予抵抗力。

（7）两人一组，进行推小车练习。一人俯卧，两臂伸直，另一人两手抬起其双脚，俯卧者用两手向前"行走"。

（8）两人一组，做重叠俯卧撑。一人保持俯卧姿势，另一人在其背上做俯卧撑，或两人同时做俯卧撑。

（9）两人一组，面对坐地，两腿分开，抛、传实心球或足球。

（10）哑铃和杠铃练习。

4. 全身力量素质训练

（1）蹲跳顶球：取半蹲姿势，连续蹲跳顶球。

（2）倒地起身：一人运球，另一人从侧面铲球并在铲球倒地后尽可能快地起身去追球。

（3）抢夺球练习：二人合作相互进行抢夺球练习。

（4）挺举练习，要求完成每个环节时都必须采取爆发性动作。

（5）合理冲撞练习：一人运球，另一人贴身跟随并冲撞，运球者要稳住重心，或两人同时争顶球并在其间运用合理冲撞。

5. 力量素质综合训练方法

（1）对抗力量练习：在足球力量素质练习中，可利用跑动中为争夺控球权的合理冲撞、连续跳起争顶球、贴身紧逼对抗、身体挤压等发展力量素质。

（2）非对抗类力量练习：在日常训练中充分利用球发展个体的力量素质。

（3）负重练习：采用负重的方法增加运动负荷，以发展力量素质。

（四）足球力量素质训练注意事项

1. 一般力量训练与专项力量训练相结合

在进行足球力量素质训练时，应将一般力量训练与专项力量训练相结合，在全身力量协调发展的基础上，促进腰腹力量和腿部力量的增长。需要注意的是，在进行力量训练时，应注意训练安全，避免意外受伤。在训练之前，应做好充分的准备活动。练习时集中注意力，尤其在承受较大负荷练习时，要掌握正确的方法、要领，加强保护，以保证训练的安全性。

2. 超负荷训练

在进行力量训练时，需要对身体施加一定的阻力和负荷条件，并且随着运动员训练水平的不断提高，其所承受的阻力或负荷也应随之增加，只有这样力量训练才能较快地显现训练的效果。

3. 注意训练间隙

力量素质在训练期间提高得较快，但如果训练中止，力量素质消退得也较快。因此，要注意经常性和训练间隙的关系。一般每周安排 2~3 次力量训练，间隔以 1~2 天为宜。在发展肌肉力量，特别是爆发性肌肉力量时，应注意安排适宜的组间间歇，以免造成疲劳或因疲劳而影响动作质量。

4. 做好放松训练

良好的肌肉放松能力，能够使肌纤维具有良好的弹性，使肌肉阻力得到最大限度的减少，降低肌肉能源消耗，推迟肌肉疲劳的出现。在进行力量训练时，要根据身体各个部位的肌肉进行交替穿插训练，同时，还要注意安排一些放松性练习。在训练之后，也要采用一些恢复性手段，如按摩、淋浴等，使运动员养成自我放松的习惯。

三、速度训练

（一）速度素质要求

参与足球运动训练者的速度素质训练应尽可能地与比赛情形相接近，在满足比赛需要的前提下，全面提高反应速度、位移速度和动作速度。首先，在训练反应速度时，要经常利用突然发出的信号，使运动员对简单信号（视觉、听觉信号等）的反应速度有所提高，或采取移动目标练习、选择性练习来达到有效提高足球运动员中枢神经系统的机能水平的目的。其次，在训练位移速度时，足球运动员在快速奔跑中主要依靠非乳酸无氧代谢供能完成技术动作[1]，因此，要想高速完成动作，就必须提高运动员的非乳酸无氧供能能力及 ATP 再合成能力。最后，在训练动作速度过程中，可以通过提高参与各种动作的肌肉爆发力和动作之

---

[1] 厉伟，张忠．"专业化"教学模式对大学生身体素质干预的实证研究——以五人制足球课为例［J］．当代体育科技，2022，12（2）：37-40，45.

间的衔接技术来达到提高动作速度的目的。

(二) 足球一般速度素质训练

一般速度素质训练方法的种类很多，在此选择几种较为常用的训练方法予以说明。

(1) 采用各种起跑姿势进行 10~30 米的起跑训练，如采用蹲踞式、站立式、背向站立、侧身式、坐地、坐地转身、仰卧、俯卧、原地跳跃（模仿跳起顶球动作）、滚翻后等姿势进行起跑训练。

(2) 在运动的状态下进行 5~10 米的突然起动练习，如在慢跑、小步跑、侧身跑、高抬腿跑、顶球、颠球、传球等情况下，进行快速起动跑。

以上两种练习以视觉信号为宜，如手势、球等，以提高反应速度和起动速度。

(3) 全速、变向、变速运球跑练习。

(4) 练习 60~80 米、80~100 米的全速跑、加速跑，提高位移速度。

(5) 追球射门，要求两名队员为一组，可分为若干组在中圈外的中线两侧站好，利用两球门同时练习，球集中于中圈教练员脚下。当教练员将球向一个球门方向踢出时，两翼队员快速起动。追球射门要求未控球队员必须紧追持球队员，并在持球队员射门后向前跑至球门线处，以利于发展速度和加强补门意识。

(6) 提高动作速度的训练：一是规定最高速度指标的练习，如在教练员限定的时间内快速完成传—接—传、运—传—接—射门等动作，以建立快速动力定型；二是提高肌肉感觉的快速精确分析机能练习，两人或多人一组，在连续奔跑中完成同一传接球练习；三是加大训练的密度，如在较小场地内做 2 对 2、3 对 3 的传抢练习。

(7) 利用快速小步跑、高抬腿跑、下肢跑和牵引跑等练习，促使运动员突破"速度障碍"，提高位移速度。

(8) 在快速跑中看教练员手势或抛球等信号，做急停、转身、跳跃、翻滚及变向等动作。

(9) 采用后蹬跑、单腿侧蹬跑、短距离转身跑、各种追逐球跑等发展爆发力。

(10) 在长约 20 米的距离内，设置不同距离间隔和有方向变化的标杆或锥体让队员以尽可能快的速度做绕杆跑，发展队员绕过对手的快跑能力。

(三) 足球专项速度素质训练

1. 常规速度训练方法

（1）位移速度训练：利用各种跑步练习提高足球位移速度和步频。

（2）反应速度训练：利用在各种不同身体姿态状况下的起动练习，发展反应速度和起动快跑能力。

（3）动作速度训练：利用下坡跑、顺风跑、牵引跑等提高动作频率，运用短距离、方向不规则的绕（或不绕）障碍的变向、变速跑提高运动员重心转换速度和快速变向跑能力。

2. 综合速度训练方法

（1）全速、变速、变向运球跑练习。

（2）60~80米、80~100米的全速跑、加速跑，提高位移速度的练习。

（3）在静止情况下，利用既定手势做各种姿势的起跑练习，如采用蹲式、站立式、侧身式、坐地、坐地转身、俯卧、仰卧、滚翻后、原地跳跃等姿势做起跑练习，起跑10~30米即可。

（4）快速跑练习：反复练习小步跑、全速跑、加速跑、顺风跑、下坡跑、牵引跑、高抬腿跑等，促使运动员突破"速度障碍"，提高位移速度。

（5）采用后蹬跑、单腿侧蹬跑、短距离转身跑、各种追逐球跑等，发展爆发力。

（6）在约20米的距离内，设置不同距离间隔和有方向变化的标杆或锥体，让队员以尽可能快的速度做绕杆跑，发展队员绕过对手的快跑能力。

（7）在活动情况下，利用既定手势做突然起动练习，如在颠球、顶球、传接球、慢跑、侧身跑、小步跑、高抬腿跑等情况下做快速起动跑，跑5~10米即可。

（8）在教练员限定的时间内快速完成传—接—传、运—传—接—射门等动作，以建立快速动力定型，提高动作速度。

(四) 足球速度素质训练注意事项

（1）足球速度素质的训练要在运动员兴奋性高、情绪饱满、体力充沛、运动欲望强时进行。

（2）在练习时要以最大强度进行，并且每次练习都要注意间歇时间和练习时间。在训练过程中需要特别注意的是，一次练习时长不能超过 10 秒，每两次练习之间的间歇时间要适宜，以避免乳酸的过度堆积。

（3）足球运动中，全速跑占全部跑动的 25%，60% 的全速跑持续时间在 4 秒以下；10% 的全速跑持续时间较长，约 7 秒。因此，需要注意在训练中应尽可能模拟比赛情形，以满足比赛需要为前提。

（4）快速能力受到力量和柔韧性的制约和影响。快速能力与快速力量的生理机制和性质是一致的，而柔韧性的提高可以使力的作用时间和作用范围得到一定程度的增加，从而使运动速度增加，所以培养足球运动员快速能力的重要途径就是发展快速力量和柔韧性。

（5）重视运动员肌肉在收缩前的放松，这对于拉长肌纤维、减少肌肉黏滞性、节省能源物质是有一定帮助的，从而对提高速度产生较为有利的作用。

四、耐力训练

（一）耐力素质要求

1. 有氧耐力

"有氧是无氧的基础"，良好的有氧耐力训练水平，能够使机体内能源物质得到充分的利用，同时，还能够有效提高机体的摄氧、输氧、用氧能力，对于较快消除非乳酸性和乳酸性氧债是较为有利的，能够起到延缓疲劳出现和加速机体恢复的重要作用。发展有氧耐力要提高最大吸氧量。对最大吸氧量产生重要影响的因素主要是输氧能力，而对输氧能力起到决定性作用的是心肌收缩力。因此，有氧耐力训练的本质就是提高运动员的心肌收缩力。具体来说，提高运动员心肌收缩能力的方法主要有两种：一种是不间断匀速负荷法，即采用本人最大强度的 70% 左右持续跑；另一种是变速负荷法。目前，普遍认为，有氧耐力训练应在无氧阈或接近无氧阈强度时效果最好。

2. 无氧耐力

对运动员的无氧耐力水平起到决定性影响的是无氧代谢能力，具体来说，就是指无氧糖酵解能力、机体组织抗乳酸能力、能源物质（主要是 ATP 和 CP）的储备和支撑运动器官的功能。足球比赛中运动员 5~15 米的快跑冲刺约占 80%~

90%，比赛中快跑冲刺与慢跑时间比约为 1∶7，与走的时间比约为 1∶14，因此，这就要求足球运动员必须要具有良好的非乳酸无氧耐力。据研究，目前决定足球运动员体能的重要限制因素是球员的肌肉耐力水平，尤其是肌肉无氧耐力水平。因此，就有必要重点发展足球运动员的肌肉无氧耐力水平，从而使足球运动员的体能得到进一步的提高。

（二）足球一般耐力素质训练

提高青少年足球运动员一般耐力素质的基本途径就是提高运动员的摄氧、输氧、用氧的能力，保持体内适宜的脂肪存储量和糖原，并提高关节、韧带、肌肉等运动器官和组织承受长时间负荷的能力。一般耐力素质训练方法的种类很多，在此选择肌耐力训练方法和有氧耐力训练方法予以说明。

1. 肌耐力训练方法

肌肉耐力的练习内容与力量练习基本上是相同的，只不过其运动负荷强度相对较小一些，但持续时间较长，重复练习的次数较多。

（1）仰卧起坐：仰卧两手抱头起坐，连续做 50 次为一组。起坐时要快，仰卧时要缓和一些，连续不断地进行。此外，在起坐的同时，也可以将两腿屈膝上抬、收腹。

（2）收腹举腿静力练习：在吊环、垫上或双杠进行收腹举腿（直角支撑）动作时，每次要静止 1~2 分钟。在静止的过程中，大腿与上体之间的夹角要小于 100°，静止时间可以从 30 秒开始进行练习，随着水平的提高，逐渐增加。

（3）连续引体向上或屈臂伸：在双杠上做屈臂伸或在单杠上做引体向上，动作要连续进行，做 4~6 组，每组 20~30 次。

（4）左右移动俯卧撑或一般俯卧撑：在垫上成屈臂俯卧撑姿势，双臂、双脚进行左右移动，做 4~5 组，每组 20~30 次，移动时始终保持屈臂俯卧撑姿势；在垫上连续做俯卧撑，做 4~6 组，每组 30 次，俯卧撑时身体要保持伸直。

（5）1 分钟立卧撑：从站立姿势开始，下蹲，两手撑地，将两腿伸直成俯卧撑，然后收腿成蹲撑后还原站立姿势。

（6）连续半蹲跑：成半蹲姿势，向前跑进 50~70 米，不规定速度，走回来时尽量放松。

（7）连续深蹲跳：分腿站立，在草地上连续做向前深蹲跳或做原地深蹲跳起。在做动作时，落地后要迅速起跳。

（8）重复爬坡跑：选择15°的斜坡道或在15°~20°的山坡上进行重复爬坡跑，练习次数为5次或者更多，跑动距离要大于250米。

（9）连续跑台阶：在高约20厘米的楼梯上，连续跑30~50步。在跑动时，每次要跑两级台阶。跑动的过程中，要注意动作的连续性，不能间断，但对时间没有严格要求，在向下走时要尽量使动作放松一些，当心率恢复到100次/分时，可以进行下一次练习。

（10）连续换腿跳平台：所采用的平台高度大约为30~45厘米，将一只脚放在平台上，另一只脚在地上支撑，两只脚相互交替跳上平台各30~50次。两手臂要相互协调配合，上体保持正直。

（11）后蹬跑：做后蹬跑，每次100~150米，或负重后蹬跑，60~80米。

（12）逆风跑或负重耐力跑：遇到大风天气（风力不超过5级）可以在公路或场地上做持续的长距离逆风跑，也可以进行1000米以上的重复跑。

（13）沙滩跑：在沙滩上做500~1000米的快慢交替自由跑，也可以穿沙背心跑，跑动速度的变化与要求可以根据自身的具体情况进行制订。

（14）原地间高抬腿跑：原地或前支撑做高抬腿跑练习，要求动作规范，不要求时间，但要不间断地完成动作。

（15）长距离多级跳：在跑道上进行多级跳练习，进行3~5组，每组跳80~100米，约30~40次，组与组之间的间歇时间为5分钟。在规定完成时间的情况下，运动强度会大幅提高，注意组间的恢复情况。

（16）沙地负重走：在沙滩上，肩负杠铃杆或背人做负重走。

（17）沙地后蹬跑或跨步跳：在沙地或沙滩上进行后蹬跑或跨步跳，每组80~100米。

（18）半蹲连续跳：在草地上连续做向前双脚跳练习，落地之后成半蹲姿势，并迅速进行第二次起跳。

（19）负重连续转跳：肩负杠铃杆等轻器械做连续原地轻跳或提踵练习。

（20）水中支撑高抬腿：选择一个约40~50厘米深的浅水池，两手臂扶在池壁上前倾支撑做高抬腿练习，每组50次。也可在水中行进间后蹬跑时穿插进行。

（21）连续跳实心球：面对着实心球站立，在两脚正面跳过球后，迅速背对球跳回，往返进行连续跳跃。

（22）连续跳推举：原地站立，两手握住杠铃杆，将杠铃提至胸前位置后，连续做跳推举杠铃杆练习。

(23) 连续跳深：选择一个高 60~80 厘米的台阶或跳箱，双脚站在上面向下跳，落地瞬间迅速接着跳到 30~50 厘米高的台阶或跳箱上。

2. 有氧耐力训练方法

(1) 定时走：在公路、场地或其他自然环境中，在规定的时间内进行自然走或稍快些的自然走练习，每次大约 30 分钟。

(2) 定时跑：在公路、场地、树林中进行定时跑练习，每次 10~20 分钟或更长时间。

(3) 定时定距跑：在公路、场地上进行规定时间限制的固定距离的练习，如在 14~20 分钟跑 3600~4600 米。

(4) 重复跑：在跑道上进行重复跑练习，根据专项任务与要求来制定重复跑的距离、次数和运动强度。发展有氧耐力素质所采用的运动强度不应过大，跑动距离应加长些。常见的重复跑距离主要有 600 米、800 米、1000 米、1200 米等。

(5) 变速跑：在场地上进行变速跑练习，可根据专项要求或任务来制定慢跑阶段和快跑阶段的距离。通常以 400 米、600 米、800 米、1000 米等组合进行训练，如 200~400 米慢跑、600 米快跑或 200 米慢跑、400 米快跑的变速等。

(6) 法特莱克跑：可在田野、公路、运动场上进行，是自由变速的越野性游戏或越野跑。通常在公园或树林中进行，持续时间约 30 分钟，也可以更长一些。

(7) 越野跑：可在草地、树林、山坡、公路等场地上进行，所跑的距离通常在 4000 米以上，有的甚至达到 10000~20000 米。

(8) 水中快走或大步走。选择一个 30~40 厘米深的浅水池，进行大步走或快速走练习，做 4~5 组，每组 100~150 步或 200~300 米。

(9) 登山游戏或比赛：规定好山上的终点标记，在山脚下听口令起动，可以自由选择登山路线或按规定路线进行登山，可在途中安排一些游戏或进行登山比赛。

(10) 连续踩水：在游泳池深水区，手臂露出水面做踩水练习。也可以要求肩部露出水面，加大难度。

(11) 沙地连续走或负重走：在海滩沙地上进行徒手快走或负重走，徒手快走每组进行 400~800 米，负重走每组 200 米。

（12）水中定时游：对游泳的速度和姿势不做规定，只对水中游的时间进行规定，如不间断地游 15 分钟或 20 分钟等。

（13）3 分钟以上跳绳或跳绳跑：在跑道上两臂正摇绳跑 2 分钟，或原地跳绳 3 分钟。要求每组结束后，心率要达到 140~150 次/分，待心率恢复到 120 次/分后开始进行下一组练习。

（三）足球专项耐力素质训练

1. 有氧耐力训练方法

（1）12 分钟跑。

（2）100~200 米间歇跑，400~800 米的变速跑。

（3）3000 米、5000 米、8000 米、10000 米等不同距离的定时跑或越野跑。

（4）半场 7 对 7 控球对抗训练，要求每队控球好本方球，并全力破坏对方的传控。练习时可限制触球次数，也可视情况调整场区或人数。

2. 无氧耐力训练方法

（1）5 米、10 米、15 米、20 米、25 米折返跑练习。

（2）100~400 米高强度的反复跑和 1~2 分钟的极限动作练习。

（3）原地快速跳绳练习，30 秒×10 次，60 秒×5 次（每次间歇 30~60 秒）。

（4）重复多次的 30~60 米冲刺跑练习。

（5）有持续时间的往返带球练习。

（6）1 分钟内一对一追拍或一对一过人。

（7）短距离追逐跑练习。

（8）往返冲刺传球练习：甲往返冲刺在限制线之间，在限制线附近回传乙、丙分别传来的球，乙、丙离限制线约 5 米。

（9）做折线快跑 20 米—仰卧屈体 5 次—冲刺 10 米—突停转身铲球—向左右做旋风腿各 1 次—快跑中跳起头顶球 3 次—冲刺射门两次—三级蛙跳的组合练习。

（10）不同人数传抢球练习：规定时间，1/4 场地 4 对 4 传抢，1/2 场地 6 对 6 传抢，全场 9 对 9 传抢。

（11）争球射门训练：12 人分为 2 组，每组占用半个足球场地，每组 1 名守门员，2人一组，争教练发出的球，得球者攻，无球者防，交替进行。练习时间为15分钟。

（12）追逐游戏训练：每队各10人面对站立，教练向其中两人抛球。红方得球，红追蓝；蓝方得球，蓝追红，阻止对方跑进标志线。练习时间为10分钟。

（四）足球耐力素质训练注意事项

（1）足球无氧耐力训练应以有氧耐力训练为基础，应对有氧耐力的训练引起高度的重视。无氧耐力是足球专项耐力的重要组成部分，随着足球运动向着更加全面、激烈的趋势发展，应予以高度重视。无氧耐力训练是一种大强度活动，因此，这就需要做好准备活动和整理活动，从而有效地避免运动损伤，确保训练正常进行。此外，同一训练内容不同的训练强度，对发展运动员某一耐力是不同的[1]。训练中应严格掌握好有氧和无氧耐力的临界值，有针对性地进行训练。

（2）耐力训练的负荷应遵循循序渐进和区别对待的原则。注意发展高强度速度耐力，训练时尽可能超强度、超负荷，训练后能达到超量恢复。

（3）进行中等以上负荷耐力训练时，会出现耗氧量大于供氧量的现象，这时若运动员用嘴呼吸，就会出现横膈膜升降的浅呼吸，而用鼻呼吸则可避免这一现象，最大限度保障机体内对氧的需求。因此，在耐力训练时应加强运动用鼻深呼吸的能力。

（4）对青少年足球运动员的耐力训练必须根据他们的承受能力采用游戏和竞赛的方法，同时要有医务监督。另外，应抓好耐力敏感期的训练。

五、灵敏性训练

（一）灵敏素质要求

灵敏素质对足球运动员有着特殊的意义，在激烈拼争的比赛中，如果灵敏素质低或者达不到快速、准确、合理和协调变换体位的能力，那么就不会成为一名优秀的足球运动员。对灵敏素质水平起到重要影响的因素主要包括以下四个方面。

第一，是中枢神经系统的灵活性。足球运动员在处理本人、球、同伴和对手

---

[1]丁芮，戴杰.我国青少年足球训练存在的问题及建议［J］.中国体育教练员，2021，29（3）：73-74.

位置时，大脑皮层的兴奋与抑制的灵活转化能力较强，往往就能够准确、巧妙地把握好时间、空间。

第二，是观察能力与反应速度。观察是足球运动员球场意识的基础，而反应是运动员完成动作的前提。由此可以看出，良好的观察能力与反应速度对灵敏素质的重要性。要想在足球训练中及时而有准备地采取相应动作，就要求足球运动员必须具备良好的灵敏素质。

第三，是运动技能的储备和熟练程度。运动技能具有迁移性的特征，因此，运动员所储备的技能多且熟练，就一定会使大脑皮层的灵活性有所增加，对灵敏素质的提高起到积极的促进作用。

第四，是综合素质的能力。灵敏素质不仅体现出了相关的单因素，而且与力、速度、柔韧等素质也有非常密切的关系。只有各项素质都有了一定程度的发展和提高，灵敏素质才能够得以提高。

（二）足球一般灵敏素质训练

一般灵敏素质训练方法的种类很多，在此选择几种较为常用的训练方法予以说明。

（1）听信号的各种姿势起跑。

（2）按有效口令做动作。

（3）按口令做相反的动作。

（4）原地、行进间或跑步中听口令做动作，如喊数抱团成组。

（5）做动作或急跑中听信号完成突停动作。

（6）听信号或看手势做急跑、急停、转身、变换方向的练习。

（7）一对一面向站立，双手直臂相触，虚实结合相互推，使对方失去平衡。

（8）一对一弓箭步牵手互换面向站立，虚实结合互推互拉，使对方失去平衡。

（9）一对一背向互挽臂蹲跳进、跳转。

（10）向上抛球，转体2周、3周再接住球。

（11）在肋木上做横跳、上下跳练习。

（12）绕障碍曲线转体跑。

（13）闭目原地连续转5~8周，然后闭目沿直线走10步，再睁眼看自己走的方向是否准确。

(14) 原地跳转 180°、360°、720°，落地站稳。

(15) 用手扶住体操棒，然后松手转身击掌，再扶住体操棒使其不倒。

(16) 脚步前后、左右、交叉进行快速移动。

(17) 做不习惯方向的动作。

(18) 左右侧滑步、跨跳步的移动。

(19) 单脚为轴的前后、转体的移动。

(20) 前滚翻、后滚翻、侧滚翻。

(21) 两人前滚翻或后滚翻：一人仰卧，另一人分腿站在仰卧人的头两侧，两人相互用两手分别握住对方的脚踝，然后连续做双人前滚翻或后滚翻练习。

(22) "扫地"跳跃：将绳握成多段，由下蹲姿势开始，用绳子做扫地动作，两脚不停顿地进行跳跃练习。

(23) 交叉摇绳：练习者将两手相交进行摇绳，每摇一两次，就采用单或双脚跳长绳一次。

(24) 追逐拍、救人：队员分散站在场内，指定4名引导人为追逐者，其他队员闪躲逃跑。当有人被追着时，需马上原地站立，两手侧平举。此时，同伴则去拍肩救他，使之复活逃脱。

(三) 足球专项灵敏素质训练

足球运动专项灵敏素质训练方法主要有以下十种。

(1) 进行身体各部位的颠球练习。

(2) 带球过杆练习。

(3) 进行各种挑反弹球。

(4) 将球踢向身后，然后迅速向前绕过障碍折回接反弹球练习。

(5) 距墙约10米远，利用两个球，快速、连续地向对墙踢。

(6) 带球跑：做带球跑练习，并在运球的过程中做颠耍、虚晃、起动、拨挑、回扣等动作。

(7) "扫地"跳跃：将绳握成多段，由下蹲姿势开始，用绳子做扫地动作，两脚不停顿地进行跳跃练习。

(8) 冲撞躲闪：两人一组，慢跑中试图冲撞对手，对手尽可能地躲闪。

(9) 跳波浪绳训练：教练与一名队员双手握一根长绳子，并把绳子上下抖成波浪形，队员必须敏捷地从上跳过，碰到绳子的与摇绳者互换。

（10）虚晃摆脱：3 人一组，甲传球，乙盯防，丙利用左右虚晃动作突然摆脱乙或利用前跑反向要球。练习中甲与丙相距 5 米左右，乙紧逼丙，三人轮换职能。

（四）足球灵敏素质训练注意事项

（1）足球运动员身体疲劳状况下不宜进行灵敏素质训练，否则不易取得良好效果。灵敏练习一般安排在足球课的基本部分的开始阶段，且练习重复次数不宜过多，练习之间应有足够的间歇时间，一般练习与休息时间的比例为 1∶3。

（2）灵敏素质是多种素质的综合表现，尤其与速度素质、力量素质关系密切，所以安排训练内容时应与其他素质结合进行，且训练的要求一定要明确设计，在训练环境中力求体现比赛中运动灵敏素质的背景条件。

六、柔韧性训练

（一）柔韧素质要求

柔韧素质是一名优秀的足球运动员不可缺少的重要身体素质。关节特别是髋关节的骨结构，关节周围组织的体积大小，跨过各关节的韧带、肌腱、肌肉和皮肤的伸展性都在很大程度上影响着足球运动员的柔韧素质。如果足球运动员的柔韧素质较差，就会提高运动损伤的发生概率。

（二）足球一般柔韧素质训练

一般柔韧素质训练方法的种类很多，在此选择几种较为常用的训练方法予以说明。

1. 腿部柔韧性训练方法

（1）跪坐压脚面。

（2）压腿：将脚放在一定高度上，另一腿站立脚尖朝前，然后正压（勾脚）、侧压、后压。

（3）弓箭步压腿。

（4）摆腿：进行向内摆腿或向外摆腿。

（5）踢腿：原地扶把杆或者行进间做正踢（勾脚）、后踢、侧踢。

（6）前后劈腿：既可以一个人前后振压，也可以将腿部垫高，由同伴帮助进行下压。

（7）左右劈腿：练习者要仰卧在垫子上，采用直腿或屈腿均可，由同伴扶住腿部进行不断下压练习。

（8）控腿：手扶支撑物体，前控、侧控、后控。

（9）在特制不同形状的练习器上练习脚腕不同方位的柔韧性。

（10）负重深蹲，脚跟不离地使脚尽量弯曲。

2. 手指、手腕柔韧性训练方法

（1）握拳、伸展反复练习。

（2）手腕屈伸、绕环。

（3）两手五指交叉直臂头上翻腕，掌心朝上。

（4）用左手掌心压右手四指，连续推压。

（5）两手五指相触用力内压，使指根与手掌背向成直角或小于直角。

（6）左、右手指交替抓下落的棒球或小铅球。

3. 腰腹部柔韧性训练方法

（1）向后甩腰练习。

（2）弓箭步转腰压腿。

（3）体前屈手握脚跟，尽量使头、胸、腹与腿相贴。

（4）站在一定高度上做体前屈，手触地面。

（5）两脚前后开立，向左后转，向右后转，来回转腰。

（6）分腿坐，脚高位体前屈，帮助者可适当用力压其背部助力压。

（7）肩倒立下落成屈体肩肘撑。

（8）分腿体前屈，双手从腿中间后伸。

（9）后桥练习，逐渐缩小手与脚距。

（10）双人背向，双手头上握或互挽臂互相背。

4. 肩关节柔韧性训练方法

（1）手扶一定高度体前屈压肩。

（2）面向墙一脚距离站立，手、手臂、胸触墙压肩，逐渐加大脚与墙的距离。

（3）两人手扶对方肩，体前屈直臂压肩。

（4）两人互相以手搭肩，身体前倾，向下有节奏地压肩。

（5）两人背向，两手头上拉住，同时做弓箭步前拉。

（6）背对肋木坐，双手头上握肋木，以脚为支点，挺胸腹前拉起成反弓形。

（7）背向肋木站，双手反握木，下蹲下拉肩。

（8）侧向肋木，一手上握、另一手下握肋木向侧拉。

（9）体前屈坐垫上，双手后举，帮助者握其两手向前上推助力拉。

（10）转肩：用木棍、绳或橡皮筋做直臂向前、向后的转肩，握距逐渐缩小。

（11）吊肩：杠悬垂或加转体；单杠负重静力悬垂；单杠各种握法（正、反、反正、翻等握法）的悬垂摆动；单杠悬垂，两腿从两手间穿过下翻成后吊。

5. 胸部柔韧性训练方法

（1）面墙而立，练习者将两手臂上举扶在墙上，抬头挺胸压胸。要求在下压的过程中要尽量让胸贴住墙，下压幅度可以由小不断增大。

（2）虎伸腰：采用跪立姿势，将两手臂放在地上，向下压胸。要注意主动伸臂，挺胸下压。

（3）练习者双腿并拢坐在垫子上，将手臂上举，同伴在背后用脚蹬住练习者肩背部，然后用手将其双手向后拉，向后拉肩振胸。

（4）俯卧背屈伸：练习者腿部不动，积极抬上体、挺胸。

（三）足球专项柔韧素质训练

足球运动专项柔韧素质训练方法主要有以下几种。

（1）以膝关节为轴，做小腿用力向后踢、内踢、外踢的练习。

（2）做弓步、踢腿、仆步压腿、下腰练习。

（3）做面向或背向肋木的前、后压腿练习。

（4）做各种踢球、顶球和抢截球等技术动作练习。

（5）做脚尖、脚内侧、脚外侧行走练习。

（6）做站立（或靠墙站立）体前屈下压，做背伸、展腹屈体、腿肌伸展练习。

（7）模仿内扣、外扣动作，单腿连续做内转、外转。

（8）模仿内、外侧颠球动作，单、双腿连续做内翻、外翻。

（9）模仿和结合球的大幅振摆腿、铲球、摆腿、踢侧身凌空球、倒钩射门等练习。

（10）跪在垫子上，利用体重前后移动压足背，也可将足尖部垫高，使足背悬空做下压动作，增加练习难度。

（11）跪压正脚背（上体后仰、轻轻振压）及全脚背着地的俯卧撑，以拉长脚背韧带和小腿前肌群。

(四) 足球柔韧素质训练注意事项

（1）足球柔韧素质的训练一般应安排在足球课的准备部分后面或基本部分的开始，身体疲劳或练习部位有伤时不宜进行柔韧训练。同时，在进行柔韧训练前，必须做好准备活动，练习时动作幅度由小到大，节奏由慢到快。训练后做好放松练习。

（2）足球柔韧素质的训练还要处理好柔韧与力量的关系，强调肌肉的弹性，避免单纯消极的被动拉长。应使肌肉柔而不软、韧而不僵，保持肌肉的收缩力量。

（3）与其他素质相比，柔韧素质容易提高，但消退也快，因此，要经常巩固已取得的训练成果。另外，应抓住柔韧素质发展的敏感期，充分发展与柔韧素质紧密关联的技术动作。

（4）柔韧训练应循序渐进，协调好拉伸力量的强度、重复次数和练习时间等因素的关系。

（5）柔韧练习尽可能与比赛中对柔韧素质要求较高的技术动作结合进行。

第四节　校园足球运动员的技术素质训练

一、足球运动技术概述

足球技术是足球运动员经过长期的训练，在比赛中逐步形成、完善和发展的各种合理动作的总称。由于进攻、防守及队员之间的配合等都需要用到相应的技术，运动员只有熟练地掌握各种技术，才能够在比赛中采取相应的行动，达到相应的目的。随着足球运动的不断发展，足球技术也处在不断的发展之中，其向着全面、快速、实用的方向发展。足球运动的技术较为复杂，其包括各种有球技术，还有各种无球技术，而足球比赛对抗较为激烈，运动员需要在对抗的情况下准确做出各种技术动作。

二、有球技术训练

(一) 传接球技术

传接球技术训练主要包括脚内侧接空中球、脚背外侧接反弹球、脚背正面接抛物线来球、挺胸式接球、头部接球等内容。在具体训练过程中，可以有针对性地开展抛接球训练、跑动中传接球训练、对抗中的接停球训练、接控球训练等。

(二) 踢球技术

踢球技术训练主要包括正脚背踢球、脚背内侧踢球、脚内侧踢球、脚背外侧踢球、脚跟踢球等内容；还可以细分为踢定位球、踢地滚球、踢体侧凌空球、凌空倒钩球、踢反弹球等内容。在踢球技术训练中，具体可采取无球模仿训练、踢固定球训练、对墙踢定位球训练、射球门训练、突然变向后的踢球训练等方法。

(三) 运球技术

运球技术训练主要包括正脚背运球、脚背内侧运球、脚内侧运球、脚背外侧运球、运球过人等内容。其中，运球过人又可以细分为生吃过人、背身过人、变速过人、人球分过、穿裆过人，以及恰当地组合推、拨、挑、扣、拉等动作过人。在训练方法的选择上，可以根据实际情况选择拨球训练、跑动中运球训练、拉球训练、扣拨组合训练、快速转身运球训练、运球过人训练、运球变向训练等方法。

(四) 颠球技术

颠球技术训练主要包括正脚背颠球、脚内侧颠球、脚外侧颠球、大腿颠球、肩部颠球、头部颠球等内容。在训练方法的选择上，具体可以选择一人一球颠球、两人一球颠球、四五人一组颠球等形式。

(五) 抢断球技术

抢断球技术包括正面抢球和背身抢球，具体又可以分为正面跨步堵抢、正面铲球、异侧脚铲球、合理冲撞抢球等。在抢断球技术训练中，具体可以选择原地抢球训练、运动抢球训练、合理冲撞训练、合理冲撞争抢球训练、铲球训练，以及抢截球技术与射门或传球技术结合训练等。

(六) 头顶球技术

头顶球技术训练可以分为前额正面头顶球、前额侧面头顶球；也可以分为原地头顶球、原地跳起头顶球、跑动跳起头顶球。在头顶球技术训练上，既可以个人练习，也可以两或三人一起练习。

三、无球技术训练

足球无球技术主要包括起动、跑动、晃动、跳跃、保护等内容。所以，其训练可以分为跳跃训练、变相速度训练、起跳训练、假动作训练等形式，可以结合学生的身体素质状况和无球技术基础确定无球技术训练的重点和方向。

第五节 校园足球运动员的战术素质训练

一、足球运动战术概述

足球战术是指足球运动员在足球比赛过程中根据场上的实际情况，通过个人或集体的配合，为达到战胜对手的目的所采用的一系列的方法和策略。在足球比赛中，运动员的技术能力和身心素质决定了足球战术的应用效果。运动员根据场上的实际情况，为了得分或阻止对手得分，就要合理地运用战术，通过配合达到预期的比赛效果和结果。具体来说，在足球比赛中，运动员在合理运用战术争取时间、空间优势的同时，其主要目的就是要取得控球权。合理的利用战术，让对方暴露可利用的空间或者造成防守队员的重心偏移，抓住时间差，从而获得更好的得分机会。

二、战术意识的培养

良好的战术意识是决定比赛胜利的关键因素，它是运动员根据比赛形式产生的自觉、有目的的一种心理活动，是在攻守对抗时，自觉选择和合理运用技战术能力的体现。战术的合理应用、战术方案的临时改变、战术的多样变化，都是建立在这些基本素质基础上进行的，并最终达到比赛的目的。校园足球训练和比赛实践表明，运动员的战术意识的培养是在一个长期的过程中慢慢积累起来的，必须不断地进行意识上的训练[1]。如果先进行技术培养，再练战术，在比赛中很容易造成技术与战术脱节，影响比赛效果。为此，运动员要始终明确战术训练的形式、目的、内容和要求，了解技术是战术的基础，战术是技术的表现，以及技术是为战术服务的。训练中要带有一定的对抗性，要充分考虑到自身行动对整体战术的影响和防守人的状态，要有分寸、不盲目。对此，在校园足球运动的开展与日常训练中，战术训练既要加大训练对抗实践强度，又要让运动员观看高水平比赛和影像，鼓励其在实际比赛中的创造性发挥。

三、进攻战术训练

（一）个人进攻战术训练

个人进攻战术是指在比赛中为了战胜对手而采取的符合整体进攻目的的个人行动。运动员的个人进攻战术包括传球、射门、运球突破、摆脱跑位等。个人进攻战术的运用水平直接影响着局部和整体的进攻战术质量。有时，因为一个人的失误可能会造成整个队进攻战术被对方瓦解，致使比赛失利。因此，个人进攻战术的中心理念就是要保证个人技术水平及各方面的素质和能力都达到一定的水平，才能更好地提升整个团队的战术水平。个人进攻战术训练主要有移动接球训练、一抢二训练、交叉换位训练、空当跑位训练等。

（二）局部进攻战术训练

足球局部战术训练是提高比赛过程中局部战术配合的最主要方法，局部配合是集体配合的基础，因此，要想取得比赛最后的胜利，局部进攻战术训练有着很重要的作用。局部配合是局部区域的2个或3个队员相互配合，无论多复杂的进攻战术或者多少名队员参加进攻配合，都由2人或3人配合组成。在比赛中的任何场区与时间，都可以进行"二打一"或者"二过二"战术配合，所以"二打一"或"二过二"战术配合质量是由球队的战术水平决定的。在比赛过程中，掌握好对抗的情况下，高质量运用局部战术的能力，能够非常有效地提高本队整体的战术水平，所以在局部进攻战术训练中，可以通过传切"二打一"配合、交叉掩护"二打一"配合、"三打二"配合等形式进行训练。

---

[1] 郭茂辰. 加强高校足球运动员心理训练的必要性及方法探究 [J]. 体育风尚, 2020 (6)：290.

(三) 集体进攻战术训练

足球比赛中常用的进攻方法有很多种，根据进攻方向不同可以分为边路进攻、中路进攻和中边路转移进攻；按照位置不同可以分为换位进攻和插上进攻；按照速度不同可以分为逐步进攻和快速反攻；按照定理不同可以分为阵地进攻、拉锯进攻等。比赛场上战术的变化万千，但最终都不会离开边路进攻、中路进攻和中边路转移进攻。另外，在进攻时，要求简练、实用、快速，要迅速完成进攻以减少进攻过程中因时间太长而造成不必要的失误。在具体的阵地进攻中，分为中路渗透、边路传中、中边转移，可以对其进行集体性的战术训练。

四、防守战术训练

(一) 个人防守战术

个人防守战术是为控制对手所采用的个人战术行动。个人战术行动可以体现出整体战术的特征。个人战术行动是整体战术的基础，主要包括选位与盯人、断球、抢球等，主要体现在人盯人防守。人盯人防守分为全场盯人、半场盯人和30米内盯人等。人盯人防守要求队员有较好的身体素质。在进行分工时，要明确且易实行，一般是在对手与本方队员水平相差不远的时候运用人盯人战术。这种战术有一个弊端是很容易通过踢墙式等"二打一"配合突破防守，因此，在运用防守战术时，也一定要注意集体战术的合作。个人防守战术训练的方法主要包括结合位置的诱导性有球训练、一对一盯人训练和无球结合球门的训练。

(二) 局部防守战术

局部防守战术是集体防守战术的基础，在训练中，要安排两个或两个以上防守队员，通过相互配合的方法，进行保护、补位、围抢等。局部防守的区域要尽量靠近球门，不要留给对方空当，尽量延缓进攻队员的推进速度。当某个局部防守区域出现两个进攻队员时，要集中密切配合，避免自己处于被动，而让对方趁机突破防守。

(三) 集体防守战术

在集体防守战术中，当本队失去控球权时，全队立即转为防守。从前锋开始,层层设防,人人阻击,迅速退守到本方半场密防中路,保护罚球区,阻止对方射门。在训练中,集体防守战术按照形式可以练习人盯人防守、区域盯人防守和混合防守;按照打法可以练习向前逼压式打法、层次回撤式打法和快速密集式打法。

第六节 校园足球运动员的心理素质训练

一、足球运动员心理素质训练概述

(一) 心理素质训练的基本原则

足球运动员的心理素质训练必须遵循一定的运动训练规律,这样才能起到应有的训练效果,没有科学原则的指导,训练效果最多也只能做到差强人意。因此,在进行相关的足球运动心理素质训练时,应该遵循自觉积极性原则、全面系统原则、区别对待原则、循序渐进性原则、持之以恒原则,以及长期训练和短期训练相结合原则。

(二) 心理素质训练的内容

足球运动员的心理素质训练是在一般心理素质训练基础上,形成专项特点的心理素质的过程。这是运动员经过长期反复练习获得的技能,其训练的内容主要包括专门化知觉训练、情绪稳定训练、意志品质训练、自信心培养、注意力训练、领导者的心理训练等。

(三) 心理素质训练的方法

基于足球运动的特点,在运动员的心理素质训练上,可以结合训练目标,灵活地选用模拟训练、表象训练、暗示训练、合理情绪训练、目标设置法训练、放松训练等方法。

二、足球运动员的心理调节

(一) 赛前心理调节训练的方法

运动员赛前的心理状态可分为过度兴奋型和冷漠型两大类。过度兴奋型主要是容易失去自我控制能力,心理相对亢奋,比赛中的动作和战术比较紊乱。冷漠型的状态主要表现为兴奋不强,产生无力、低沉、松弛等特征。具体而言,运动员在比赛之前的不良心理状态主要有焦虑、抑郁、虚假自信、想赢怕输等。在消除运动员赛前心理障碍的训练中,主要是要做好心理准备训练,这是一种通过了解竞赛双方的情况和运用模拟训练等帮助运动员建立参赛自信心,如心理自我调节、重现最佳技术动作表现、活动训练调节、转移注意力调节等,都能够有效缓解运动员的负面情绪[1]。

(二) 赛中心理控制的方法

在比赛的相持和决战阶段,由于处于比赛的关键时期,运动员的心理压力较大,思想上的包袱过于沉重,从而导致思路狭窄,在比赛中可能出现意想不到的失误和错误。另外,由于竞争的空前激烈,运动员的情绪也高度紧张,很多运动员出现逃避心理和怕负责任的行为,从而导致进攻时无人勇敢站出来,使比赛陷入被动局面。比赛中心理调节的方法有呼吸调整、自我暗示、自我松弛、注意力集中、思维阻断、自我宣泄、教练员榜样、临场语言指导等。

(三) 赛后心理恢复的方法

运动员赛后的心理恢复是多方面的,其方法仍然是心理训练的基本方法。在恢复过程中,要充分结合身体、技战术等方面的恢复措施,有针对性地进行恢复,既要全面又要突出重点,主要包括赛后消极情绪的解除和自我形象的修整等方面。

三、足球运动员的心理问题与矫正

(一) 厌倦心理及其矫正

对于训练厌倦的足球运动员,往往会厌恶和恐惧足球训练,对督促他们训练的父母和教练员有严重抵触情绪,每到训练时就感到心烦意乱和焦躁不安,他们不仅训练时不能集中思想听课,而且常常用逃避训练的方式来摆脱这种厌恶感,

---

[1] 勒·德·纳扎列恩科,阿·斯·科瓦列恩科,姚颂平. 具有较高运动技能的少年足球运动员对不同训练负荷和比赛负荷的心理适应研究:以 36 位 15~17 岁足球运动员为例 [J]. 首都体育学院学报,2020,32 (2):97-99.

因此训练效率很低。对此，教练员可以通过适度强化训练动机、树立理想和目标的方法对训练厌倦心理进行纠正。

(二) 挫折心理及其矫正

足球运动员在生活或训练中经常会遇到各种矛盾，从而使自己的心理状态很不平静，使自己的心理发展带有明显不稳定、多变化和动荡的特点，极易遭受挫折。在这种情况下，足球运动员如果得不到教练员的理解与抚慰，往往会产生严重后果[1]。对此，无论是在家庭，还是在运动队，都应该及时进行挫折教育，帮助他们克服挫折心理。例如，在家庭教育的基础上，可以在球队教育中加强挫折教育的力度，重点从加强人生观教育、生活管理、挫折情境等角度，提高足球运动员对挫折的承受力。对于遭受严重心理挫折的，还应当及时提供心理咨询服务，以便及时调整运动员的训练与竞赛状态。

(三) 猜疑心理及其矫正

猜疑心理通常表现为过分敏感，常将他人无意或友好的行为误解为故意或轻蔑，表现为思想行为固执、古板。足球运动员猜疑心理的形成，与他们的生活环境密切相关，如在家庭中遭到遗弃、虐待、专制、忽视、溺爱，以及训练中不当的批评方式等。猜疑心理会使足球运动员无端怀疑别人和自己，从而对自身产生很大的危害。因此，应及时采取手段对其进行矫正。例如，教练员要教育足球运动员不要陷入"敌对心理"的旋涡中，要懂得尊重别人，积极主动地与他人交流，取得他人的信赖并与他人建立友谊。

(四) 忌妒心理及其矫正

在同他人作比较时，发现自己的才能、名誉、地位、境遇、外貌等方面不如别人，因此产生由羞愧、愤怒、怨恨等组成的复杂情绪状态，这就是忌妒心理。忌妒具有明显的发泄性，如果得不到及时阻止就会演变成记恨，进而失去理智，攻击对方。对此，教练员要让运动员对忌妒的危害有所认识，对自我要有客观的认识，克服自身的狭隘心理，注意人际交往，这样才能明确自我定位，更好地融入足球队伍，主动地参与团队作战。

---

[1] 谢云. 足球训练中运动员心理素质因素探究 [J]. 拳击与格斗, 2021 (1): 112-113.

(五) 自卑心理及其矫正

自卑也是足球运动员经常会出现的心理问题之一。一般来说，运动成绩不理想及教练员和队友对自己评价偏低是自卑心理产生的主要原因，其中前者是根本原因。自卑心理矫正可以采用的措施包括：对自己进行客观评价、与别人进行合理比较、正确地分析原因、进行适当合理的表现等。

第四章 校园足球竞赛体系的组建

第一节 校园足球竞赛的意义、类别与组织

一、校园足球竞赛的意义

运动竞赛可宣传我国体育运动的方针、任务，激发广大群众锻炼身体的热情，有利于推动体育运动的广泛开展，对增强人民体质、丰富文化生活、振奋民族精神具有重要意义。足球运动是我国广大人民群众，尤其是青少年所喜爱的运动项目之一。我国每年都有成千上万的运动员参加国内外各级足球比赛，通过比赛检查训练的成果，互相观摩学习、交流经验、取长补短，共同提高足球技战术水平。同时，加深我国运动员同世界各国人民的了解，从而增进友谊，促进体育文化交流与传播。

校园足球竞赛活动的开展，可以很好地丰富在校学生的课余文化生活，并且结合当前体育发展的趋势，促进体教结合，让更多的学生在足球中快乐学习与成长，夯实我国足球事业发展的基础，为足球事业提供更多高素质的足球后备人才，开创我国足球运动的新局面[1]。

二、校园足球竞赛的类别

校园足球竞赛的种类比较多，它是根据不同的任务和目的来组织的，主要以联赛为主。以下详细介绍全国青少年校园足球联赛、城市青少年校园足球联赛、

---

[1] 金兆江. 基于足球竞赛的大学足球训练模式分析 [J]. 体育风尚, 2018 (3): 75.

大学生足球联赛。

(一) 全国青少年校园足球联赛

全国青少年校园足球联赛，是由中足协与全国青少年校园足球工作领导小组办公室联合主办的。2022 年，全国青少年校园足球工作领导小组印发了《2022 年全国青少年校园足球工作要点》，完善了班、校、县、市、省、全国六层，小学、初中、高中、大学四级联赛和夏令营的竞赛体系，规定了小学阶段最高级别赛事为市级，有条件的地方可组织省级比赛，初中、高中、大学阶段设置全国级赛事。

(二) 城市青少年校园足球联赛

以成都市的青少年校园足球联赛为例，该联赛是由成都市教育局、成都市体育局和成都市校足办、成都市足协等单位共同创办的，也是成都市官方的校园足球联赛。该联赛也是成都市传统青少年足球赛事，每年参赛球员超过 30000 名，覆盖了 22 个区县市小学。在 2022 年的四川省青少年足球联赛当中，有来自全省各地的近百支男、女球队，超 1500 名运动员。该联赛的举行是为了贯彻落实《中国青少年足球联赛赛事组织工作方案》有关精神，根据四川省足球协会《中国青少年足球联赛（四川赛区）赛事组织工作方案》相关要求，结合四川省青少年足球发展实际情况，以扩大足球人口、推动青少年足球普及和发展为工作目标开展的。

(三) 大学生足球联赛

大学生足球联赛，即"全国青少年校园足球联赛（大学组）"，英文名为 China University Football Association（CUFA），代表了中国高校足球的最高水平。该比赛创办于 2000 年。到 2020 年，已经成功举办了 20 届。经过 20 年的发展，大学生足球联赛的赛制也在不断改革。2012/13 赛季，联赛首次实行"超级组"和"校园组"分组的模式。2014/15 赛季，联赛在"超级组"和"校园组"的基础上增加了"高职组"。2021 年（大学组）男子超级联赛开赛，该赛事由全国青少年校园足球工作领导小组办公室主办，山东省教育厅、青岛市教育局、青岛市城阳区人民政府承办，中国大学生体育协会协办。来自北京大学、中国人民大学、同济大学等全国 16 所高等院校的 400 余名运动员参赛。举办 2021 年大学校园足球联赛的目的,是要向全国的人民展示大学生们奋发向上、努力拼搏的精神面貌,也重在培养大学生的爱国主义、集体主义精神,让大学生学会遵守规则、尊重裁判、团结队友、尊重对手,养成胜不骄、败不馁的良好品德。

三、校园足球竞赛体系的组织

目前,国家体育总局和教育部下设全国校园足球领导小组、地方校园足球领导小组(下设办公室)和校园足球联赛组委会,共同构成校园足球活动校际竞赛组织的领导机构。

全国校园足球领导小组依据《全国青少年校园足球工作领导小组工作职责及议事规则》,领导全国青少年校园足球工作的开展,履行校园足球工作的宏观指导、统筹协调、综合管理等职责和任务。领导小组下设办公室,负责校园足球日常工作。办公室成员由教育部、体育总局有关司局(单位)负责同志,以及各成员单位联络员担任。

地方校园足球领导小组主要由地方教育局和体育局的相关领导共同组成,其主要职责:一是对当地各个定点学校的校园足球工作的稳步推进进行统一领导和部署;二是对当地各个定点学校校园足球工作的进展情况进行定期检查,并将本地区校园足球工作的开展情况向全国校园足球领导小组办公室进行报告。地方校园足球领导小组下设办公室,专门负责本地区足球活动的日常工作,一般情况下,办公室设在当地的足球项目管理中心。

校园足球联赛组委会主要是对校园足球校际足球竞赛工作的组织与开展进行专门负责。

第二节 校园足球竞赛开展的现状与问题

一、我国校园足球竞赛开展的总体情况

(一)开展校园足球活动的指导思想、功能定位及开展条件与要求

1. 指导思想

我国校园足球活动开展是以增强学生体质,增进学生身心健康,培养学生团结协作、拼搏进取的良好品质和体育精神作为宗旨,通过建立和完善小学、初

中、高中、大学四级足球联赛,使足球运动在校园中得到广泛开展,向学生普及足球运动的基础知识和基本技能,大力发展校园足球文化,从而培养出特长突出、全面发展的新型足球后备人才[1]。

2. 功能定位

向学生普及足球运动的基础知识和基本技能,提高我国足球人口的数量和质量,并发掘和培养具有优秀足球运动天赋的苗子,为我国足球运动水平的提高输送具有发展潜力的优秀足球后备人才。

3. 校园足球活动开展的条件和要求

学校要想开展足球活动必须具备三个条件,同时还要注意五点要求。

三个条件:足球运动是学校的传统运动项目;学校具有较好的足球运动硬件和软件条件;学校具有较好的足球活动基础。

五点要求:学校的足球工作由主管校长全面负责推进,同时,还要成立相应的管理机构对学校足球工作的开展情况进行督促和落实;对开展校园足球活动所必需的场地设施条件进行完善;对学校中负责足球训练的教师或教练进行岗位培训;增加足球教学在学校体育课中所占的课时数比例,要保证学生每周能够有至少两个小时的时间参与足球活动,并保证全校有一半以上的学生参加足球活动;学校要组织一些足球比赛,如班级或年级间的足球比赛。

(二) 政策支持

校园足球活动自从 2009 年由国家体育总局和教育部联合启动以来,尤其是国务院办公厅 2015 年印发《中国足球改革发展总体方案》以来,足球运动在学校得到了更为广泛的开展。在开展校园足球活动的过程中,全国校足办印发了《全国青少年校园足球比赛活动情况说明》《全国青少年校园足球联赛纪律规范》《全国青少年校园足球联赛规程》《全国青少年校园足球联赛注册管理规定》等相关文件,此外,针对校园足球活动,各个校园足球布局城市也制定、出台了一系列的规划、方案和政策等,为校园足球活动的顺利开展提供了保障。

(三) 经费投入

目前,校园足球活动所需的经费大都是由全国校足办进行统一拨发的。一些

---

[1] 张力. 北京市部分高校足球竞赛活动的调查研究 [D]. 北京:首都体育学院,2018.

校园足球工作开展得相对较好的省、市的体育、教育部门，能够按照1:1的比例给予配套，但对大多数地区的体育、教育部门来说，这项配套资金并没有落实到位。相关资料调查研究表明，在这些校园足球布局城市中，每年开展校园足球活动所需要的经费平均约为71.8万元。其中，全国校足协下拨38万元，当地教育部配套3万元，体育部门配套30.8万元。在这些校园足球布局城市中，大部分的定点学校由学校进行经费投入的部分所占比例较小，这些学校开展校园足球活动主要是由当地校足办下拨经费和提供器材。

（四）场地情况

从目前来看，人工草皮场地是学校开展足球活动的主要场地类型，一些具有较好经济条件的学校可能会拥有天然的草皮场地，但数量十分有限。2018年，全国青少年校园足球工作领导小组表示，有关部门已共同制定了相关规划，明确"十四五"期间，全国将修缮、改造、新建足球场地及校园足球场地。2022年，全国青少年校园足球工作领导小组印发的《2022年全国青少年校园足球工作要点》中提到，将加强校园足球场地建设，在每所校园足球特色学校均建有1块及以上足球场地的基础上，5年内争取实现再新增校园足球场地2万片。

（五）师资队伍

从目前校园足球活动的师资队伍来看，校园足球活动的组织与开展主要由学校体育教师负责。这些体育教师主要为来自体育院校的足球专项或非足球专项毕业生。据相关统计，全国校足办每年培训校长、体育教师、教练员等近万人次。2022年，在教育部办公厅发布的《关于继续组织开展全国青少年校园足球教练员国家级专项培训的通知》中，培训分线上和线下两个阶段进行，线上培训为理论专题学习，考核优秀者录取参加线下实践培训。在这种培训模式下，未来具有较高等级资格的教练员将会逐渐增多，职业级水平的教练员数量也将会走出非常匮乏的状况，将会有越来越多的体育教师获得教练员等级证书。

二、我国校园足球竞赛的开展现状

（一）竞赛总体情况

针对《全国青少年校园足球活动实施方案》中所提出"要将足球教学在整

个学校体育课中所占的比例加大，同时要保证在校学生每周能够有至少两个小时参与足球活动，并且全校从事足球活动的学生数量达到学生总数的一半以上"的要求，对47个校园足球布局城市的2700多所学校进行了相关调查研究，结果表明：能够达到以上要求的学校仅占10%，其余90%的学校都没有能够达到以上要求；而且，能够组织校内年级间或班级间校园足球比赛的学生，只有10%。从这些能够组织开展校内足球比赛的学校来看，较高的足球普及程度和具有良好的足球运动基础是其开展校内足球比赛的主要原因。也就是说，如果学校具有多年的足球项目传统和特色，那么在这些足球项目传统学校或良好足球运动基础的学校中，会更好地组织和开展校内足球比赛。对于其他的学校来说，并不能较好地组织和开展校内足球比赛活动，而只是成立一支学校足球代表队，这些学校所参加的比赛也只是一些校园足球校际联赛，没有加大足球教学课在体育课教学内容中所占的比例，也没有为在校学生每周至少2小时的足球活动提供保证，更没有达到全校有一半以上学生参与校内足球运动的要求。

（二）竞赛组织形式

目前，我国校园足球校内竞赛的组织主要是采用学校或体育组统一进行组织的形式，很少采用由学生自发进行组织或俱乐部组织形式[1]。在组织校园足球比赛时，学校是以学校或体育组统一组织为主，在这种统一安排的形式下，学校在固定的时间段组织校内足球比赛。大多数这样的校内足球比赛，其命名方式主要是以"校长杯"为主，在分组方面，往往按照年级进行。这样的分组形式，在具体操作过程中，通常情况下，小学阶段分为三个组别，即一、二年级为一组，三、四年级为一组，五、六年级为一组，比赛方式采用单循环来决出比赛名次；初中和高中是每个年级为一组，而各个年级，以班为单位，通过采用单循环的方式来决出各年级第一名，最后再组织各个年级的第一名进行决赛来决定最终的名次。

（三）竞赛项目设置

校园足球比赛在进行比赛项目设置时，主要设置5人制比赛、7人制比赛、11人制比赛，以及足球单项技术比赛或者基本功挑战赛等形式。其中，足球单

---

[1]曾帅帅. 云南省青少年校园足球竞赛体系发展研究[D]. 昆明：云南师范大学，2019.

项技术比赛或者足球基本功挑战赛主要包括踢准、颠球、运球绕杆、射门等。

（四）竞赛裁判

在校园足球比赛的组织与开展中，其比赛的裁判工作主要由学校体育教师和高年级学生来负责。在小学校园足球比赛中，由学校体育教师来担任比赛裁判；在初中和高中的校园足球比赛的预赛阶段，可以由高年级的学生来负责裁判工作，而在决赛阶段，要由学校的体育教师来担任裁判。

三、我国校园足球竞赛开展中存在的主要问题

（一）缺乏统一的赛事竞赛目标

在全国中小学和大学中广泛开展校园足球活动，向学生普及足球运动的基础知识和基本的运动技能，丰富校园足球文化，创造出依托于学校的、体教结合的足球发展模式，从而培养出全面发展的、具有突出足球特长的新型后备人才，这是校园足球活动的指导思想。根据这一指导思想，校园足球活动竞赛的目标就是让更多的学生参与足球竞赛，并在校园中广泛地推广和普及足球运动，培养学生对足球运动的学习兴趣，提高学生的身体素质，从而扩大我国的足球人口数量，培养优秀的足球后备人才[1]。普及是校园足球活动的重点，校内是开展校园足球活动的主体。但是，由于大多数校园足球定点学校的领导没有对校园足球活动形成全面、正确的认识，这就使校园足球活动在组织与开展方面，只是建立起一支球队，参加校际比赛。广大在校学生作为校园足球活动的主体，学校并没有真正地组织开展由在校学生参与的校园足球活动，这也就使"每周保证学生至少两个小时的足球活动时间，全校参与足球活动的学生达到一半以上，加大体育课中足球教学内容所占的比例"的规定形同虚设，究其原因，主要是因为学校的宣传力度不够，并没有营造出良好的校园足球文化氛围，没有充分地调动学生学习和参与足球运动的兴趣与积极性，没有建设起具有浓厚足球特色的"校本课程"，没有组织与开展多种形式的校内足球活动和竞赛等。

（二）缺乏合理的赛事组织结构

从管理学、社会学的角度来讲，每个具有逻辑性的管理体制，在利益、权利

---

[1] 高国安. 高校实施足球竞赛联盟机制和可行性探讨 [J]. 体育世界（学术版），2019（4）：25，27.

与责任方面都是一致的。目前，校园足球竞赛活动都是在校园足球布局城市的各个定点学校中进行组织与开展的，各个学校中的学生是校园足球竞赛活动的主体。从这一层面来看，整个活动的主要管理者便是教育部门，涉及校园足球竞赛活动中大部分的利益、权利、责任，而体育部门只能处于从属的地位。

事实上，在具体操作过程中，虽然教育部门是其中的主要管理者，但它并没有表现出非常明显的主导地位，这也就在管理体制中形成了"不对应""不顺畅"的现象，这些现象都对校园足球竞赛活动的健康发展产生了不良影响。教育部门往往比较缺乏足球专业技术资源，而在各级体育部门或足球协会管理下的校园足球活动的定点学校的领导、教师和学生又不对口，这也导致体育部门的管理缺乏约束力。从当前来看，全国校足办将校园足球联赛的指令和文件向地方校足办进行下发，然后再由地方校足办向各个校园足球定点学校进行转发，同时，中国足协代为签章。由于中国足协并不属于教育主管部门，它是一个非官方形式的组织，对于各个定点学校的管理和约束十分有限，这就造成了关于校园足球联赛的很多政策、指令无法落实到位，无法被有效地贯彻执行。

（三）缺乏完善的赛事规章制度

校园足球比赛在各个定点学校中陆续开展，但是各个定点学校有着不同的足球比赛开展基础，不同的场地设施条件，造成各个学校的参赛球队水平存在很大的差异，比分也相差较大，这就严重降低了校园足球比赛的价值和效果，甚至会产生较为严重的负面作用。对那些有着较好的足球运动基础和足球传统的学校来说，没有起到锻炼队伍的良好作用，难以对校园足球活动开展效果进行有效检验；而对那些没有足球运动基础和足球传统的学校来说，其参与的积极性也会受到很大的影响[1]。由于校园足球活动布局城市的个体差异较大，而校际联赛通常是在所在区进行分组的。在校园足球定点学校相对较为集中的布局城市，采用主客场的形式进行分组比赛较为方便。对那些校园足球定点学校相对分散的布局城市进行分组比赛，采用主客场的比赛形式较为困难，一方面可能需要花费较高的交通费用，另一方面存在较大的安全隐患。目前，校园足球以市为单位的联赛已经形成一定的规模，但较为单一，缺乏纵向深度，并没有建立起小学、初中、高中和大学的四级联赛体系。此外，各个地区目前以"市长杯""区长杯""校

---

[1] 李峰. 我国校园足球竞赛伤害事故风险评估及对策研究 [J]. 商丘师范学院学报，2020，36 (6)：76-80.

长杯""院长杯"为代表的系列比赛尚不完善,需要建立、健全各级、各类的全国赛、大区赛,以及各种类型互补的杯赛、国际邀请赛、出国交流赛等。此外,在设置竞赛体系时没有对其普及与提高的关系进行充分考虑,没有健全的与竞赛体系相适应的监督、管理和检查机制。

(四) 缺乏健全的赛事系统体系

对于校园足球竞赛活动的开展,全国校足办缺乏足够的监督和检查力度。虽然每年校园足球联赛期间,全国校足办都会委派专门的评估人员对联赛进行检查与评估,但所针对的对象主要是校园足球校际联赛,各个地方的校足办没有建立起相应的检查与监督制度对各个定点学校的校内足球竞赛活动进行管理与监督[1]。在校园足球校际联赛开展方面,对于一些开展相对较好的学校,全国校足办有相应的奖励措施,但对于开展情况不好的学校,并没有制定出相应的惩治制度。此外,没有对参加校园足球联赛的学生年龄、参赛资格等进行严格审查,致使比赛中存在以大打小、冒名顶替等种种不公平现象;没有完善、系统的学生注册体系,造成一些没有注册的学生也参加了校园足球联赛,从而导致校园足球联赛较为混乱;没有针对参与校园足球联赛的工作人员,如指导员、运动员、管理人员、裁判员、工作人员等,制定出有效的激励机制,造成了工作人员积极性和效率不高、联赛管理规范程度较低、赛事组织不够严谨、比赛观赏性较低等。

第三节 校园足球竞赛体系的构建与完善

一、培养目标

社会中的每个系统都是一定人群的有机组合体,是为了达到一定的目标而存在的。只有有一个清晰的目标,在认识上达成统一,系统成员们才能明确工作的方向,避免或减少走弯路。我国校园足球竞赛体系作为一个组织系统同样如此。

首先,要对我国校园足球活动竞赛体系的总体目标有一个充分明确的认识。即通过广泛地开展具有趣味性、娱乐性、健身性,以及具有丰富多彩的形式和内容的校内外竞赛活动,使参与比赛的学生都能够从中体会到足球运动的乐趣,同

---

[1]张龙.关于高校足球竞赛机制的构想探讨[J].体育科技文献通报,2020,28(1):7,12,17.

时，向广大学生普及足球运动的基础知识和基本技能，从而实现增强学生体质，培养足球特长突出、全面发展的新型足球后备人才的目的。这个总体目标体现了普及足球基础知识和基本技能，突出教育特色，实现育人目的的校园足球活动开展的宗旨。其次，要对我国校园足球竞赛体系中的校际比赛和校内比赛各个层次的具体发展目标及其与总体目标之间的关系有一个充分明确的认识。各个层次的具体目标是相互衔接、逐步完成的，为最终实现总体目标提供保证。最后，每个布局城市的校园足球竞赛管理机构都要采取有效的监督和管理措施来应对各个层次具体发展目标的实施情况，同时，还要与本地区的实际情况相结合，及时调整和修正实施的效果，从而制定出科学、切实可行的各个层次的具体发展目标，最终实现总体目标。

二、组织结构

各个校园足球布局城市所在省、市都已将推动校园足球活动作为一项重点项目，建立并不断完善以教育部门为主，体育部门为辅，以各级各类校园足球活动定点学校为依托，各级政府部门为主导，社会各界广泛参与的校园足球管理体制和运动机制。同时，还要成立由负责体育与教育工作的政府部门主管领导，以及分管教育部门和体育部门中体育工作的主要领导共同组成的校园足球领导小组，并且还要培养一大批全面发展、身体健康、具有突出足球特长的新型后备人才。各个省、市校园足球布局城市的校园足球领导小组，要下设由教育部门和体育部门分管校园体育工作的主要领导，和本地区的小学、中学、大学的分管体育工作的校长等学校代表组成的校园足球活动领导办公室，主要负责组织、管理、协调和评估本地区与校园足球活动相关的工作。此外，还要成立校园足球联赛管理机构，全面负责校园足球竞赛活动的组织与管理、竞赛制度的贯彻与落实、竞赛计划的制定与安排、竞赛活动的开展与保障等工作。另外，还要委派专人对本地区各个校园足球定点学校的校内、校际足球联赛的开展情况进行检查和监督。联赛管理机构中的各个工作人员要明确自身职责，对管理制度进行不断完善，从而为有序地开展校园足球活动提供组织和制度保障。

在每个校园足球活动定点学校都要成立相应的校园足球领导办公室和校园足球联赛管理机构，其成员主要由学校校长、指导员和班主任等组成，并且要委派专人来普及和推动校园足球比赛活动，并制定相应的校内和校际足球竞赛活动计划，安排好竞赛日程，同时，还要协调与管理好学生的学习、训练和比赛[1]。

三、规章制度

首先，根据我国校园足球活动的发展形式和实际需要，建立起新的竞赛规章制度，如学生运动员升学奖励制度、转学学生的参赛规定、学生运动员注册管理制度等。其次，要对我国现有的与校园足球竞赛有关的规章制度中疏漏、散乱的地方，进行补充、整理和完善。根据相关调查，以及我国校园足球活动发展需要和我国的实际情况，建立区域、区域间和全国性三个层次的校园足球竞赛新体制，并采用分级竞赛的竞赛方法。

（一）建立分区竞赛制度

分区竞赛制度的建立能够增加各个校园足球定点学校的竞赛次数，这也为学生创造了更多的锻炼机会。根据调查，大多数专家认为，在组织和开展校园足球竞赛时，应与具体的情况相结合，在条件适合的情况下，根据地域分布来建立分区赛。通过分区赛决出比赛的前几名，然后再去参加全国性的正式比赛，如全国性的校园足球联赛、冠军赛、锦标赛等。

（二）建立分级（组）竞赛制度

公平公正原则实施的前提是对竞赛进行合理的分级（组）。合理的分级（组）是促进我国校园足球竞赛发展的重要前提。根据相关调查可知，大部分的专家均认为根据水平进行分级或分组的竞赛对调动和提高学校的参赛积极性有很好的效果。进行分级（组）比赛应注意以下五点：

（1）进行合理的分组，体现竞赛的公平性。

（2）根据水平进行分组，将水平较高的学校分为一组，水平低的学校分为一组，在这个基础上可以采用升降级制度。

（3）遵循地域就近原则，建立分级或分组竞赛制度，这样做可以使一些地域相近的学校代表队分在一个组，更有利于组织和开展竞赛活动。

（4）在保证好校园足球竞赛完整性的基础上，在竞赛规程、赛程上给予最大限度的支持，这样可以使每个参加比赛的学生都能够从中感受到足球的快乐。

---

[1] 赵振中. 竞赛法在足球教学与训练中的应用研究 [J]. 青少年体育, 2020 (8): 46-47.

(5) 决定名次时，要适当看淡竞赛成绩，重点是以鼓励为主，可以根据参赛学生的比赛成绩和文化成绩对其进行综合评定。

(三) 建立竞赛资格制度和竞赛奖励制度

1. 竞赛资格制度

竞赛资格是指参与相关赛事的代表队所应具备的资格规定。首先，在与其他有关部门进行合作的基础上，全国校足办要制定出统一、严格的学生运动员注册及学籍管理制度和公示制度。一般情况下，学生运动员可以在网上进行注册和报名，这样也有利于对学生运动员进行追踪注册和统一管理[1]。通过注册的学生，既可以参加教育系统组织的相关比赛，也可以参加体育系统组织的相关比赛。在这些竞赛中，学生运动员所获得的运动成绩都是被承认的，同时，要严格要求参赛学生的学习成绩达到一定的标准。其次，全国校足办和地方校足办要建立严格的联赛审查机制和举报机制，严禁出现违反体育道德和体育竞赛公平的现象，如严禁为了追求和获得更好的名次而将学生球员集中调校；严禁弄虚作假等。一旦发现和确认出现违规行为，要立即取消其参赛资格，并在全国或各个地区进行通报批评。

2. 竞赛奖励制度

为了更好地调动指导员和学生参与校园足球竞赛的积极性，应制定一些激励政策。例如，在校园足球竞赛中获得证书的指导员，在进行评定职称时可以进行加分；将足球课教学、训练和比赛也纳入指导员工作量计算；对那些竞赛成绩和学习成绩优秀的学生运动员，各省、市教育部门要制定出升学加分政策。

(四) 制定规范的评价制度

为了更好地促进校园足球竞赛活动的发展，要客观地评价校园足球竞赛活动在各个定点学校中的开展情况。首先，要成立评价小组，由每个定点学校的校长担任小组组长，小组成员由指导员和班主任组成，对学校各个年级或班级参加校园足球竞赛的出勤人数、精神面貌、活动情况等进行细致的评定，将比赛名次与平时成绩一起纳入年级或班级总评之中，并将这个成绩作为评选优秀年级或班级

---

[1] 赵伟. 中学校园足球竞赛多元化发展体系初探 [J]. 青少年体育，2020 (8)：48-49.

的重要评价指标。其次，各个校园足球布局城市要建立校园足球联赛工作评估小组，这个评估小组由校园足球联赛工作领导小组成员和有关专家共同组成，对本地区的各个定点学校校园足球校内和校际联赛的开展情况进行评估，将评定的结果与各个定点学校的校长年终绩效考核相挂钩，从而提高各个校园足球定点学校校长对开展校园足球校内和校际联赛的重视程度。

四、赛事体系

我国校园足球赛事体系的新型发展模式可以概括为：校内与校际比赛相结合，小学、中学（初中、高中）、大学相互衔接，内容、方法和形式多样化。这种新型的校园足球赛事体系，其指导思想是通过建立和完善"小学、初中、高中、大学"四级校园足球竞赛体系，使广大学生能够学习足球运动的基础知识和基本技能，更好地培养学生学习足球的兴趣，增强学生的体质，扩大我国足球人口和足球后备人才规模，并从中发现具有足球运动天赋的苗子进行重点培养，从而进一步提高我国的足球运动发展水平。这种新型校园足球赛事体系的重点在于普及，其主体还是在校内开展。校内和校际两个竞赛体系是我国新型校园足球赛事体系的具体内涵。校内足球竞赛体系的重点是向学生普及足球基础知识和基本技能，处于普及层次，主要是在一些定点的小学、初中、高中、大学中广泛开展足球类游戏和足球联赛，如"校长杯"等；而校际足球竞赛体系是将发现、选拔和培养具有良好的足球运动天赋的苗子作为重点，属于更高层次，这类比赛主要有"区长杯""市长杯""省长杯"，以及全国性或国际性的交流赛等。

第五章 校园足球的科学评价

第一节　学生身体素质评价

一、力量素质评价

(一) 力量素质的评价内容

人身体的五大素质各有侧重，都在运动中发挥着重要作用。但在这五大素质中，力量素质无疑是最基础、最重要的，它是各项身体素质的基础，影响着其他素质。例如，力量越大的人，他的爆发力就越强，启动速度就越快。足球运动是一项高对抗的运动，在这一过程中，运动者除了要在自身技术动作上消耗体力，还会在与对手的对抗中消耗体力。因此，力量素质是学生掌握多种运动技能、提高足球运动实战能力的重要保障[1]。

现代足球比赛较以往更具竞争性。激烈程度的加剧使球员之间出现了更多的身体接触。在校园足球中，学生为了抢占有利的空间位置，经常要合理地运用冲撞、变向、急停转身、传球、跳起、射门等技术动作。要想使这些动作发挥理想的效果，就需要充足的腿部力量和腰腹力量做保障。因此，鉴于足球运动的特点，在制定力量素质评价内容时，就应将重点放在检验学生是否具备足够的腿部力量上。在评价过程中，应优先选择反映学生腿部力量与全身协调用力的指标进行评价。

---

[1] 王苑. 论高校足球运动训练中的体能训练 [J]. 田径, 2022 (5): 34-35.

(二) 力量素质的评价方式

1. 立定跳远

评价目的：测试和评价学生腿部向前的爆发力。

场地器材：一块平整的地面、一把测量尺。

评价方法：学生应穿足球鞋，每人试跳3次。

评价标准：取最好成绩为最后记录。跳得越远，腿部力量素质越好。

2. 原地双脚纵跳

评价目的：测试和评价学生腿部向上的爆发力。

场地器材：一块平整的地面、一个摸高测量仪。

评价方法：学生站在墙边，将手臂尽量靠近墙面并努力向上伸，双脚脚跟不能离地，在指尖摸到的最高点做一个记号；学生离开墙边，尽力双脚同时用力做向上纵跳动作，再次在指尖摸到的最高点做一个记号。两个记号之间的距离就是所得的成绩。

评价标准：取3次测试中最好的成绩进行记录。距离差越大，腿部力量素质越好。

3. 助跑单脚纵跳

评价目的：测试和评价学生腿部向上的爆发力。

场地器材：一块平整的地面、一个摸高测量仪。

评价方法：和原地双脚纵跳基本相同。学生站在墙边，将手臂尽量靠近墙面并上伸，注意双脚脚跟不能离地，在指尖摸到的最高点做记号；学生离开墙边，经助跑后，尽力做单脚向上纵跳，再次在指尖摸到的最高点做记号。前后两个记号之间的距离就是学生所得的成绩。

评价标准：取3次测试中最好的成绩记录。距离越大，腿部力量素质越好。

4. 立定三级跳

评价目的：测试学生腿部向前的爆发力与全身用力的协调性

场地器材：一块平整的地面、一把测量尺。

评价方法：学生穿足球鞋，每人试跳3次立定三级跳。

评价标准：取最好成绩为最后记录。跳得越远，腿部力量素质越好。

5. 引体向上

评价目的：测试与评价学生的臂力。

场地器材：一副单杠。

评价方法：在单杠上，学生双手正握杠（掌心向前，拇指相对），身体静止悬垂开始，拉臂引体向上，下颌超过杠面计一次。

评价标准：20 次为优秀，18 次为良好，15 次为中等，10 次为及格。

6. 1 分钟仰卧起坐

评价目的：测试与评价学生的腰腹力量。

场地器材：一块垫子、一块秒表。

评价方法：学生仰卧在垫上，两腿并拢屈膝约成 30°，两臂平放在大腿上，由测量者压住学生双脚踝部，起坐时双肘触及两膝即为成功一次。仰卧时，两肩胛骨触垫。测量者发出"开始"口令的同时，打开秒表进行计时，记录 1 分钟内学生正确完成动作的次数。测试过程中，学生不得借助肘、手撑垫或臀部起落的力量。

评价标准：70 次/分钟为优秀，60 次/分钟为良好，50 次/分钟为中等，36 次/分钟为及格。

7. 1 分钟悬垂举腿

评价目的：测试与评价学生上肢、腰腹部、腿部的力量和协调性。

场地器材：一副单杠、一块秒表。

评价方法：学生双手握杠成悬垂姿势，双腿直腿连续快速上举，举腿幅度必须超过 90°，测量者记录学生在 1 分钟内完成的次数。每人测试一次并记录成绩。

评价标准：1 分钟内完成次数越多，力量素质越好。

8. 1 分钟俯卧撑

评价目的：测试与评价学生的上肢力量。

场地器材：一块垫子、一块秒表。

评价方法：学生用双手和双脚尖撑地，成俯卧姿势。接着双臂弯曲，身体下落，直至胸部接近地面，然后将双臂伸直，还原成俯卧姿势，至此完成一次动作。测量者记录学生在 1 分钟内正确完成动作的次数。测评过程中，学生进行下落和上推时，不得弓背。在俯卧撑的过程中，塌腰、提臀、屈臂大于 90°均不计成绩。

评价标准：22 次/分钟为优秀，18 次/分钟为良好，15 次/分钟为中等，10 次/分钟为及格。

9. 掷界外球

评价目的：测试与评价学生上肢、腰腹部及下肢的力量和协调性。

场地器材：一块平整的足球场、一把测量尺、一个足球。

评价方法：在规则所要求的界外球规格条件下，学生进行界外球掷远，用测量尺测量掷球距离。

评价标准：取两次中的最好成绩。掷球距离越远，力量素质越好。

二、速度素质评价

（一）速度素质的评价内容

在一场足球比赛中，学生为了完成战术要求和积极拼抢，经常要快速地冲刺奔跑，同时，还要根据足球场上情况的变化，在各种技术动作中结合诸多急停急起、急停变向等。这些都需要学生具备出色的速度素质才可以完成。

速度对于足球运动的作用是毋庸置疑的，无论是位移速度还是动作速度都属于速度的范畴。高水平的足球比赛通常都会以较快的速度和在高速下的动作成功率作为优胜的评判标准。因此，根据足球运动的这一特点，可以确定评价学生速度素质的核心应为速度耐力素质。

（二）速度素质的评价方式

1. 3 米侧滑步

评价目的：评价守门员快速横向移动速度。

场地器材：一块平整的水泥或沥青地面、一块秒表。

评价方法：在地面上画两条相距 3 米的平行直线，中间 1.5 米处画一条细中线。每次可有 2~4 人共同参与测试。预备时，学生站在两条边线之间，后脚踩一边线。听口令后，尽快在两条边线之间往返滑步跑。每次须一只脚踩到边线，计 30 秒踩到边线的次数。测评过程中，要求学生穿胶鞋参与测试，且每次往返，必须踩到边线。

评价标准：测两次，取更好的一次记录成绩。30秒踩到边线的次数越多，速度素质越好。

2. 3米交叉步摸地

评价目的：评价守门员快速移动的灵敏性与协调性。

场地器材：一块平整的水泥或沥青地面、一块秒表。

评价方法：在水泥或沥青地面上画两条相距3米的平行直线，中间1.5米处画一条细中线。听口令后，用交叉步快速在两条线之间往返跑（始终面向一方），每次只能用一只手摸到边线，计30秒摸到边线的次数。测评过程中，要求学生穿胶鞋参与测试，且每次往返，必须摸到边线。

评价标准：测两次，取更好的一次记录成绩。30秒摸到边线的次数越多，速度素质越好。

3. 30米绕杆跑

评价目的：测试与评价学生直线短距离快速跑动中身体的协调性和灵敏性。

场地器材：一块平整的足球场地、一根标志旗杆、一块秒表。

评价方法：在平整的足球场树立几个不同间距的标志旗杆。学生在开始的端线准备站立式起动，跑动时必须绕过每一根标志杆，跑两次。

评价标准：跑两次，取最好成绩记录。用时越短，成绩越好。

4. 三角跑

评价目的：测试与评价学生快速、持续移动的速度素质。

场地器材：一块平整的足球场地。

评价方法：在平整的场地上画出边长为10米的等边三角形，选出一角的顶点做起、终点。学生采用站立式起跑，人动表开，沿三角形做顺时针、逆时针平跑各一次，学生到达终点线停表，人到表停。如果在跑的过程中，踩到或进入三角形边线则不计成绩。

评价标准：测试3次，取最好的一次成绩记录。用时越短，成绩越好。

5. 5×25米折返跑

评价目的：测试和评价学生折返跑的速度和耐力素质。

场地器材：一块平整的60×25米的场地、一块秒表。

评价方法：在场区内每5米画一条长线。学生站在起终点线后，手动开表，学生快冲跑从起终点到 5 米、10 米、15 米、20 米、25 米线依次做折返跑，在折返跑中的每个转身动作必须单脚过线。最后冲过起终点线计时停止，如果出现滑倒或转身没踩到线的情况均不计成绩。

评价标准：间歇两分钟后再进行第二次测试，共测两次，取两次中更好的成绩做记录。用时越短，成绩越好。

三、耐力素质评价

（一）耐力素质的评价内容

足球运动的运动特点表明其必然需要消耗人体大量的能量。这主要体现在一场完整的正规足球比赛时间较长，为 90 分钟，而在一些赛会制比赛的淘汰赛中双方打平时甚至还要进行 30 分钟的加时赛，以及最终的点球决战。长时间、大强度的奔跑对学生的体能是一个极大的考验，因此，足球运动对学生的耐力素质具有较高的要求。根据这一运动特点，就可以制定学生耐力素质评价的主要内容是学生在摄取氧气充足的情况下长时间坚持运动的素质能力，即有氧耐力素质。

（二）耐力素质的评价方式

1. 12 分钟跑

评价目的：测试与评价学生的有氧耐力。

场地器材：一块田径场地、一块秒表、一把皮尺。

评价方法：在田径场 400 米跑道上进行。由考评员计时并发出出发信号，测试学生采用站立式起跑，12 分钟时间到时，考评员发出停止信号，示意参加测试的学生即刻停止跑动并在停止地点做出标记，由考评员计算学生跑的距离。

评价标准：12 分钟跑 3200 米为优秀，3000 米为良好，2900 米为中等，2800 为及格。

2. 固定距离跑

评价目的：通过测试学生的前进、侧向跑、后退、转身、障碍跑及跳跃动作，来评价学生的有氧耐力及跑动中的灵敏性。

场地器材：一块足球场地、一块秒表。

评价方法：根据场地中的测试循环路线，学生在尽可能短的时间内完成 4 次测试循环。测试循环线路可设置在足球场的四周，可以更换，但在重复测试时要尽量使用相同的场地。测试中可以每隔15秒命令学生出发，直到测试人数达到8人为止。

评价标准：用时越短，成绩越好。

3. YOYO 测试

评价目的：测试与评价学生的有氧耐力。

场地器材：一块平坦的场地、一块秒表、一台录音机。

评价方法：YOYO 跑即间歇性耐力测试（YOYO TEST），在平坦的场地上画出相距20米的两条线，学生采用站立式起跑，从一条线出发跑向另一条线，在两条线之间按录音机播放的 YOYO TEST 录音带的节奏做往返跑。学生必须在每次发出节奏的声音信号踩到线并折返跑向另一条线，如不能按时、按节奏踩到该踩到的线则为犯规，第一次警告，第二次即停止测试并记录跑的时间，按跑的时间评分。

评价标准：12分为优秀，11分30秒为良好，10分50秒为中等，9分40秒为及格。

四、灵敏素质评价

（一）灵敏素质的评价内容

现代足球运动的主流打法与过往已有很大的差别，现代足球更加注重提高控球率，强调短传渗透。尽管更新的打法使有针对性的长传与短传打法相融合，但大多数组织进攻的方式仍旧需要从短传开始，这种打法对球员脚下技术的娴熟运用提出了较高的要求。校园足球教学与训练要遵循足球运动发展规律和紧随足球运动发展趋势进行，因此，对于学生的短传技术及其相关技术要做重点训练[1]。从技术角度上看，为了完成这些近乎精细的技术动作，学生需要经常进行短距离的直线、折线与弧线的快速冲刺跑。另外，急转变向和为了躲避对方防守的跳步等动作都非常依赖于良好的灵敏素质。因此，根据这一运动特点，就必须在校园足球教学训练评价体系中选择适当的身体灵敏素质指标进行测评。

---

[1] 刘成祥. 校园足球对青少年成长的价值影响及实现路径 [J]. 冰雪体育创新研究，2022（3）：167-169.

(二) 灵敏素质的评价方式

1. 3米往返跑

评价目的：测试与评价学生的灵敏性素质。

场地器材：一块平整的木地板或平坦的土场地、一块秒表。

评价方法：在木地板或平坦的土场地上画两条相距3米的线，受试者站在线上，听口令开始在两条线间做往返跑，每次必须有一只脚踩到线。计30秒内受试者的踩线次数。

评价标准：测两次，取最好一次成绩。32次/分钟为优秀，30次/分钟为良好，28次/分钟为中等，26次/分钟为及格。

2. 越障碍变向跑

评价目的：测试与评价学生快速奔跑与变向的能力。

场地器材：一块场地、八个锥形标记物、一把卷尺、一块秒表、笔和纸。

评价方法：学生趴在地上，腹部着地，双手与胸部平齐，任何体重都不能压在手上，双腿伸直，脚掌朝上，鞋钉不能着地。学生听到"开始"口令后马上爬起，向触摸线冲刺，必须触线；按照图上路线绕锥形标志物快速冲刺，绕过锥形标志物后返回触摸线，以最快速度跑向终点。

评价标准：测两次，取更好的一次记录成绩。用时越短，成绩越好。

五、柔韧素质评价

(一) 柔韧素质的评价内容

在足球运动中，柔韧素质与上述四种身体素质相比，其直接作用好像不大。然而柔韧素质对于学生来说，其实是一种十分重要的运动素质，之所以经常被人们忽视，主要是因为它的作用表现通常处于一种隐性的状态。

在足球运动训练中，学生的柔韧素质一般表现为对自身身体协调性的控制，发展柔韧素质既可以帮助其加大动作幅度，使其动作更加优美和协调，又能够有效地增强身体重要部位的力量，以此为在运动中的骨骼和关节提供有效保护，减少运动性伤病发生的概率。因此，在针对学生的柔韧素质进行评价时，也要将柔韧素质纳入评价体系当中。

(二) 柔韧素质的评价方式

学生的柔韧素质评价主要是采用直立摸低的方法来进行。

评价目的：测试与评价学生的柔韧性和协调性。

场地器材：高度不等的台阶若干个。

评价方法：学生站在垂直的台阶上进行测试。学生两腿并拢伸直（膝关节不能弯曲），双脚并拢，脚尖与台阶前沿对齐，上体前屈，两臂伸直，双手沿台阶向下摸，指尖尽力向下摸。计分时以台阶平面边沿为0点，向下为正值，向上为负值。测量学生指尖摸到的最低点距0点的距离。

评价标准：23厘米为优秀，18厘米为良好，13厘米为中等，7厘米为及格。

第二节 学生技术能力评价

一、接球技术评价

在足球运动实战中，接球技术并不是单独存在的，它更多的是与其他技术结合使用。从技术动作的顺序来看，很容易就能发现一切后续动作（运、传、射）的基础都是"接"。因此，在对学生技能评价中要将接球技术与相关的其他技术结合进行评价，可以采用接球传准的方法，来测验学生接四方高低球的技术和传球的准确性。

二、运球技术评价

(一) 折线运球

折线运球主要是测试和评价学生尽可能快地从起点运球经过折线运球到达终点的能力，测试学生折线运球速度的快慢。

(二) 折返运球过杆

这项测试的目的在于通过学生运球绕杆的快慢程度来评价他们掌握运球技术的熟练程度。

（三）运球转身

运球转身主要测试和评价学生在运球过程中的转身方法，以及完成运球转身技术动作的水平。学生只有拥有出色的速度和良好的身体协调性，才能在测试中获得良好的成绩。

三、传球技术评价

（一）吊圈传准

吊圈传准主要测试和评价学生的传球准确性。例如，在足球场上画一个外圆半径为4米，内圆半径为2.5米的双环，在与双环相距20~40米的地方画一个矩形作为传球区。学生将足球放在第一条线上，向传球区拨球，随后跑上去向圈内传球，让球保持运动状态，每人可以踢5脚，足球落在小圈内可以计2分，落在大圈内可以计1分，落在圈外不得分，分值越高者，成绩越好。

（二）三角形地滚球传准

三角形地滚球传准主要测试和评价学生传接地滚球的能力。例如，在平整的场地上画3个直径5米的圆圈，构成3个测试区域（A区、B区和C区），每两个区的中心之间距离为17米，3个测试区域共同构成一个等边三角形。然后将学生分为三组，每组一人，让学生按顺序在测试区内分别传球给相邻学生，统计规定时间内的地滚球传准次数。传准次数越多，成绩越好。

四、射门技术评价

（一）头顶球射门

头顶球射门主要测试和评价学生头球技术的准确性，以及学生把握头球时机和头球射门进球的能力。例如，在与球门相距两米的地方画一条直线作为抛球限制线，并在距球门线10米或12米处画头顶球区域线，在距头球区域线5米的地方画一条助跑限制线。学生从助跑线外准备，球抛出后学生判断落点并做出头顶球射门动作，球弹地进门得2分，直接进门得1分，其他情况不得分，得分越高者成绩越好。

（二）踢球射门

踢球射门主要测试和评价学生利用脚背内侧和脚背正面射门的能力。教练员或体育教师可以根据教学训练需要，采取形式多样的踢球射门评价方式。

（三）球门墙射准

球门墙射准主要测试和评价学生左、右脚定点射门的技术。例如，按标准球门画球门墙（内高用鲜明的线均分为 3 份，内宽均分为 7 份，标明各部位得分）。球门墙前画罚球区和罚球弧，以球门底线中点为圆心，16.5 米为半径画弧。然后让学生左、右脚各踢 5 脚球，最后根据学生踢球射中球门墙的具体位置的相应得分进行汇总评分。

五、守门技术评价

在足球运动中，守门员是防守一方的最后一道防线。因此，在足球界中一直有"一个好的守门员顶半支球队"的说法[1]。守门员的重要作用在于队中只有守门员可以通过双手控制足球，而双手能够更有效地控制和获得球。为了能够使最后一道防守屏障发挥出最大的作用，就需要在足球教学中对守门员进行严格的教学与训练。因此，根据这一特点，就要将守门员技术的评价纳入校园足球教学与训练技术能力评价体系。

（一）持球踢准

持球踢准主要用来评价守门员脚踢发球的准确性。

（二）防守定点射门

防守定点射门主要用于测试和评价守门员连续防守定点射门的扑接球的技术能力。

（三）扑定点球结合发球

考评守门员扑定点球、手抛发球的准确性和退守速度。

---

[1] 于海洋，刘晓宇. 足球比赛中无球队员跑位的重要性 [J]. 中国体育教练员，2021，29（3）：47-50.

第三节　学生自我评价

一、足球体适能的自我评价

对于足球体适能的自我评价，学生可根据自己日常活动和训练算出相应的活动指数，然后根据总得分（强度×时间×次数）区分体适能的类别（表5-1、表5-2），如果指数总得分低于40，学生应增加足球运动的训练时间、训练强度、训练次数。

表 5-1　足球运动活动指数

指标	分值	日常活动情况
时间	4	超过30分钟
	3	20~30分钟
	2	10~20分钟
	1	10分钟以下
强度	5	持续用力呼吸和出汗
	4	断续用力呼吸和出汗
	3	中度用力呼吸和出汗
	2	偏低强度和微汗
	1	低强度和不出汗
次数	5	每天或几乎每天都活动
	4	每周3~5次
	3	每周1~2次
	2	1个月数次
	1	1个月不超过1次

表 5-2　足球运动体适能类别对比

总得分	评价	体适能类别
100	总是积极活动的	优秀
80~100	经常活动的	好

续表

总得分	评价	体适能类别
60~80	较少活动的	良好
40~60	很少活动的	一般
20~40	几乎不活动的	差
20以下	不活动的	很差

二、足球基本技术的自我评价

足球运动基本技术是参与足球运动必不可少的技术，它是足球进阶技术的基础。拥有扎实的基本技术对学生理解和参与足球运动大有益处，因此，将此列入自我评价的内容中是很有必要的。

(一) 颠球技术自我评价

1. 原地颠球

评价方法：学生连续进行颠球，球落地或手触球则颠球结束，以球碰触身体部位次数的多少来评定成绩。

评价标准：做两次，取更好的一次记录成绩，得分参考表5-3。

表5-3 原地颠球评价参考标准

次数/次	得分/分
50	100
40	95
30	90
25	85
20	80
15	75
13	70
11	65
9	60

续表

次数/次	得分/分
7	55
5	50
3	45
2	40

2. 行进间颠球

评价方法：学生用头、肩、胸、大腿、脚等部位进行向前行进、连续颠球，根据行进间连续颠球的距离长短计算成绩，球落地或手触球视为一次颠球结束，核定距离以最后一次明显控制住球的触球为准。

评价标准：做两次，取更好的一次记录成绩，得分参考表5-4。

表5-4 行进间颠球评价参考标准

距离/米	得分/分
40	100
38	95
36	90
34	85
32	80
30	75
28	70
26	65
24	60
22	55
20	50
18	45
16	40

(二) 运球技术自我评价

1. 运球绕杆射门

场地器材：一块足球场地、至少1.5米的标志杆或标准桶、一个足球。

评价方法：在足球场罚球区线中点两侧50厘米处各画一条垂线。场地上须插标杆，在右侧垂线上距罚球区线两米处插一根标杆，在距左侧垂线两米处插一根标杆，在距右侧垂线两米处插一根标杆，在距起点12米处插一根标杆。标杆固定垂直插在地面上，插入深度不限，以学生碰杆不倒为宜。测试开始，学生从起点线开始运球，脚触球的一刻开表计时。运球逐个绕过杆后射门，球越过球门时停表。

评价标准：做两次，取更好的一次记录成绩。运球漏杆或未射入球门内的视为成绩无效。射中球门横木或立柱的可补测一次。

2. 接运球综合测试

场地器材：一块足球场地、一个足球。

评价方法：在球场上画两条相距5米的平行线，两条平行线的长度均在5米以上，规定一条线为起点线，测评开始，学生从起点线处抛球，球的落点必须在另一条线外，然后快速跑向落点并按照规定动作（双脚脚内侧、双脚脚背外侧、双脚脚前掌各一次）接反弹球后转身将球带回起点线，然后再抛、再接、再带，共往返六次。以第一次抛球到最后一次带球抵达起点线的总时间和学生接运球动作技能来综合评定成绩。

评价标准：测两次，取更好的一次记录成绩，具体参考表5-5。

表5-5 接运球结合评价参考标准

时间/秒	得分/分
38.0	100
38.5	95
39.0	90
39.5	85
40.0	80

续表

时间/秒	得分/分
40.5	75
41.0	70
41.5	65
42.0	60
42.5	55
43.0	50
43.5	45
44.0	40

(三) 定位球技术自我评价

1. 定位球传准

场地器材：一块平整的场地，一面1.5米高、插有彩色小旗的标志杆，一个足球。

评价方法：以标志杆为圆心，分别以3米和6米为半径画两个同心圆。根据学生水平的高低，两个同心圆的半径可适当地缩小或扩大。以插有彩旗的标志杆作为传准的目标。以25米长为半径，以插有彩旗的标志杆为圆心向任何方向画一条25米的长弧作传球限制线。测评开始，学生将球放在限制线上，用脚背内侧向圈里传球。

评价标准：观察学生踢出的球的第一落点，根据不同的落点位置给予不同的分值。

2. 定位球踢准

场地器材：一块平整的场地、一面足球墙、一个足球。

评价方法：场地在距足球墙下沿中心20米处画一条平行于足球墙下沿的3米长的限制线。测评开始，学生将球放在限制线上，向足球墙踢球。注意可以擦着地面射到墙上，但不能踢地滚球。

评价标准：教练员根据学生的踢准情况进行成绩评定。

三、足球技战术综合能力的自我评价

技战术综合能力水平是衡量足球运动参与者能力的重要指标。而在校园足球开展过程中,对学生的技战术能力的教学与训练占据了大多数时间。从实践的角度来考虑,学生的技战术能力是最为核心的评价内容。因此,为了更加客观和准确地了解自身足球技战术能力,就需要对相关内容开展自我评价。

在日常的运动训练中,学生可以通过多种等级评价和级别认定的标准对自己的接球能力、传球能力、运球能力、射门能力、防守能力等进行系统的自我评价,其自评方法具体如下。

(一)接球能力自我评价

学生接球能力的自我评价等级及级别认定参考表 5-6。

表 5-6 接球能力自我评价

等级	级别认定
优良	能按照接球技术动作的实施要求,在特定的比赛环境中,正确理解和运用接球超前性、战术性、风险性的配合要求,能巧妙地运用传接球技术动作,出色完成传接球配合,形成有默契的进攻性接球或按技术动作要领顺势过人形成进攻前奏场景的接球
合格	能够按照一般的接球技术动作要求处理来球,接球的同时,注意目标,有传球的意识,在对手逼迫的情况下也能完成接球动作,不失误
差	不能稳定、稳妥地按动作技术要领接球,对来球判断失误、接球技术动作运用有误,导致失去控球权或让对方形成有威胁的进攻

(二)运球能力自我评价

学生运球能力的自我评价等级及级别认定参考表 5-7。

表 5-7 运球能力自我评价

等级	级别认定
优良	技术动作运用正确,有自己的动作特点,运球目标明确,战术意识强,时机掌握适当,能充分利用运球技术优势发起个人突袭性进攻,展现个人才华,能直接构成有威胁的进攻性运球

续表

等级	级别认定
合格	能摆脱紧逼防守或在中前场摆脱防守干扰,为寻找合适的传球、射门机会而主动或被动地发起运球。在运球的过程中,获得较好的进攻机会与效果的可记为优良,如果主动运球造成严重失误记入下一等级
差	学生运球心态不正,爱表现,目的性不明确,战术意识差,运球时机选择有误,浪费有利运球时机或酿成险情,造成重大失误

(三) 传球能力自我评价

学生传球能力的自我评价等级及级别认定参考表 5-8。

表 5-8 传球能力自我评价

等级	级别认定
优良	传球脚法基本正确,在特定的比赛场景中传球时机、地域选择合理,动作规范,具有传球意识,队员接球顺利且默契,传球落点到位,有直接或间接的进攻威胁性
合格	传球技术动作基本正确,传球技术运用基本合理,有一定的对时空控制及相互配合的意识,能完成一般性的进攻推进或经传球后使本方的处境获得改善
差	技术动作出现变形,缺乏传球意识,传球脚法、时机选择不当,并造成准确性极差的传球,出现被对方截断给本队造成威胁的传球

(四) 射门能力自我评价

学生射门能力的自我评价等级及级别认定参考表 5-9。

表 5-9 射门能力自我评价

等级	级别认定
优良	能主动创造出或把握住赛场上的射门时机,射门技术动作基本合理正确,行动果断。抢点、凌空射门、铲射、补射、抢点头顶球等各种射门,无论是否进球,都应该算优良。此外,如符合战术意识,跑到位的有感觉的射门,也应该算优良
合格	能在一般情况下运用标准的常规性技术动作进行射门,在射门时能够做到一气呵成,能做出较为合理的各种射门动作,如顺势拨球起脚射门、跳起头球射门,以及能完成有质量的远距离射门
差	在封堵严密、位于射门死角、与球门距离过长等情况下勉强射门,或者错过良好的射门时机等,射门时技术动作不合理,造成出球无力和射门射飞

(五) 防守能力自我评价

学生防守能力自我评价等级及级别认定参考表 5-10。

表 5-10　防守能力自我评价

等级	级别认定
优良	具有良好的防守意识，根据场上的需要，进行超前意识的抢位、占位、补位。在丢球后，能快速、及时地明确自己所处的位置，延缓对方进攻或增强本队的防线，力争扼制对方的快速反击。在技术动作上能合理运用紧逼、堵截、抢断等技术，任何破坏对方进攻的行为都应视为成功的防守
合格	防守的跑位正确，有一定的防守意识，能做到合理的抢位、占位、补位，能通过场上正确的防守技术动作进行紧逼、堵截、抢断，延缓对方进攻速度，没有影响全局的防守失误
差	没有防守意识，反应迟钝，抢位和占位不及时，或抢位时发生与防守队员"重叠"的现象，或在回撤时方向路线判断失误等，造成被对手抓住战机，利用出现的防守空隙，进行有效、有威胁性的进攻

第六章 国外校园足球发展的经验借鉴

第一节 日本经验

日本足球长期走在亚洲前列，并在国际足坛上占有一席之地，与自身的制度建设和梯队建设有着十分密切的联系。从 1976 年开始，日本足球协会就开始建立符合日本实际的国家训练中心制度，并于 1980 年正式开始运作，其主要目标就是想借助层层的选拔来为日本国字号队伍储备优秀的足球人才。在具体落实方面，日本的各个市区及都道府县都建立了集中训练的训练中心，并聘请当地足球名门的教练在周末和假期时到训练中心担任训练指导。对参与训练的运动员进行选拔后，组建各级足球队伍，参加市级、县级及日本九大地域之间的比赛，从而筛选出各个年龄层的优秀选手向上级输送，最精英的选手通过层层选拔最终加入国字号队伍[1]。

一、"9000 名 C 级教练"计划

日本足球运动之所以在各个年龄段保持较强的竞争力，与自身丰富的教练人才有着很大的关系。在 1993 年之前，日本的足球职业化还没有走上正式改革的道路，青训主要依托于学校中的足球队伍和训练中心，体育教师发挥着主要的训练指导职能。而在 1993 年之后，随着日本职业联赛的诞生和日益成熟，众多的梯队在 J 联赛俱乐部中诞生，足球青训也开始逐渐走上了职业化发展的道路，青

---

[1] 刘晓宇，张立军. 日本青少年足球人才培养对中国足球的启示［J］. 湖北体育科技，2012，31（2）：129-131.

少年足球人才有条件接受更加专业化的训练和指导。1994年，日本足球协会根据本国足球发展的实践情况，提出了"9000名C级教练"的培养计划，该培养计划为时5年，主要面对的对象涵盖了日本的九大地域和47个都道府县的训练中心中担任指导的人员。在1997年时，又在C级教练的培养基础上建立D级教练的培养制度，这一系列的制度把处于最基层的从事少年足球指导和训练的教练都涵盖在其中。尤其是伴随该项计划的深入贯彻和实施，日本校园足球及青少年俱乐部对后备人才的培养有了充足的人才保障。

二、J联赛青训与高中校园足球并存

自从日本足球诞生了J联赛梯队和实施了"9000名C级教练"的计划后，日本的青训发展形成了双通道，一种通道是职业俱乐部中的青少年梯队，这种隶属于职业俱乐部；另一种通道则是校园中的梯队，属于校园足球。这对于校园足球的发展显然会起到非常积极的推动作用，有助于青少年足球后备人才的多元化培养，促进了足协系统和教育系统在足球人才培养上的有效联合。同时，为了更好地推进校园足球运动的开展，促进校际足球竞赛水平的提高，日本官方还会利用寒暑假组织相应的竞赛活动，如夏天的全日本高中运动会足球比赛和冬天的全日本高中足球锦标赛，是对校园足球十分重要的两场比赛。职业化的青训因为大多是在俱乐部中开展训练的，并且训练也是由J联盟技术委员会进行管理，所以，参加的比赛大多是俱乐部之间的，如日本俱乐部青年足球锦标赛和俱乐部青年杯这样的比赛。在青训当中，J联盟技术委员会对青年足球运动员设置了U12、U17和U18三个梯队。

值得一提的是，这些比赛体系都是由J联盟主导的，无论是校园足球中的学生，还是俱乐部中梯队的球员，都是有机会进入职业球队的，这种衔接性强的培养模式，让球员拥有了不断发展和成长的空间，也能更好地保持足球运动爱好者的训练热情和竞赛欲望，让更多有足球天赋的人才在青少年时期崭露头角，这些都能为日本国字号足球队源源不断地、有计划、有组织输送人才。

三、训练中心制度变革

在日本国内，校园和俱乐部选拔人才加入后会对他们进行集中性的强化训练，然后向各级训练中心输送人才，建立队伍之后参加九大地域的对抗赛，但是这种方式是为了赢得比赛，存在极强的功利性。正因如此，日本足协为了培养和选拔更多的优秀人才，多次针对训练中心的制度开展变革，对相关制度内容进行了大幅度的变动，把九大地域之间的对抗赛变成了"讲习会制度"。这样制度的重心就从比赛变成了培养球员，尤其是培养青少年球员，并积极地分析日本青少年球员与世界球员的差距，努力在训练中缩小差距。通常是由足协技术委员会来完成这项分析工作。制度目标为努力培养技术型年轻球员。每年还会编写指导手册，用于对青少年的训练进行技术方面的指导，并将这些普及到日本各个校园中，让全日本的处于各个年龄段的足球教练都能够在技术和能力上得到进一步的提高[1]。

四、注重长远规划

日本足球协会2005年的宣言，展示了日本足球中期目标和长期目标的理想、愿景、承诺。日本足球的愿景当中包括了普及足球运动并使其融入人们日常生活，提升足球运动水平和竞赛成绩，保持公平竞赛精神和良好国际关系等方面的内容，承诺到2050年实现拥有1000万人的足球人口和日本举办世界杯并取得冠军的长期目标。此外，通过打造国家胜利之师和偶像明星，吸引更多的青少年参与足球运动。

第二节 韩国经验

韩国现行的足球后备人才培养途径可以分为三种：分别是通过职业俱乐部、业余俱乐部培养的途径和校园足球培养。其中，通过校园足球培养的途径在整体规模和培养质量上均占据主导地位。这种完备的校园足球培养体系，在多年的运行过程中为韩国职业队和国家队输送了大量的人才。

一、韩国校园足球的培养目标

KFA结合本国足球发展的实际情况将目标瞄准足球发达国家，从2007年开始调整了校园足球发展的总目标，即"发展学校足球文化，培养品德与技能兼备

---

[1] 王民享，吴金贵. 现代欧美足球训练理念与方法 [M]. 北京：北京体育大学出版社，2010.

的高素质国际型足球人才"。为实现这一总目标，于 2009 年将校园足球训练理念更新为"即从过去的以体力和精神为主的足球训练理念转换为以技术足球为主的训练理念"。

韩国职业足球联盟（K League）的最终目的为"通过足球振兴体育文化，促进国民健康与身心的健全发展，同时，为国际间的交流与亲善关系做出贡献"。最终目的分解为多个方面，其中就包括"通过足球从小开始培养健康和热情的个性；让足球衍生的情节，成为我们生活中的快乐动力"。从这一点可以看出，K League 不仅是在发展职业足球，还注重从长远出发，从小培养青少年球员的兴趣和热情，从而为韩国职业足球队源源不断地输送高素质足球人才。

根据校园足球发展的总目标和训练理念，KFA 下属的 8 个联盟中的 4 个校园足球联盟针对本联盟球员的年龄和身心特点，进行了细化，并负责组织实施。各级校园足球联盟形成了有效衔接，在 KFA 的统一管理下，有计划地开展本联盟的日常训练、竞赛及足球文化氛围营造等工作，KFA 则以各级联盟的工作开展情况作为评价标准，督促各级联盟实现各自阶段目标，践行足球训练理念，最终实现总目标。

二、韩国校园足球的资金投入情况

对校园足球的资金投入数量将直接影响校园足球发展的规模和质量。韩国足协每年总预算的 10%~15% 都用于青训培养。U20 世界杯上，因为取得了亚军的优异成绩，韩国足协特地颁发了 10 亿韩元的奖金。这批巨款中，有 60% 给到了参赛的球员与教练，剩下的 40% 则是分发给球员的青训母校。韩国大学的 U 联赛，口号是"Enjoy Football in Campus!"（享受校园足球），已经成为真正意义上的人才摇篮。韩国的职业球员 90% 来自大学，其余 10% 来自高中。韩国各大职业俱乐部，会在每个赛季结束后，去到大学联赛寻找符合本队需求的年轻球员，这也被称为"韩国状元选秀"。据媒体报道，韩国体育乐透彩票等收益的一半都用于资助各级校园足球联盟的运营和发展，企业资助校园足球的途径主要是获得联赛的冠名权和对校园足球联盟提供其他方面的资金支持。

三、韩国校园足球教练员队伍情况

KFA 将教练员的培训教育作为保障本国足球发展的主要行动方案之一，只有获得教练员培训资格证书后才能注册执教和继续参加培训。继续培训的目的是不断提高教练员的执教水平和理念，采取的方式是分级别进行主题演讲和开展国内外足球发展态势等方面的专题讲座。同时，KFA还编撰了有关运动员生理、足球教学、训练和管理等方面的教材和视频材料，统一下发至在KFA注册的每支球队，保证基层教练员统一掌握青少年各阶段的培训要求，掌握先进的足球技战术和训练理念。

目前，韩国足球教练员总共分为6个等级：P级，最高级别，具备执教国家队和职业队资格；A级，具备执教大学队、实业队和职业队资格；B级，具备执教初中和高中队资格；C级，具备执教小学和青少年俱乐部队资格；D级，具备执教基层球队资格；另外还有五人制足球教练员。

四、韩国校园足球竞赛组织情况

韩国校园足球代表队和运动员必须每年在当地足协注册才能有资格参加年度比赛，注册时实行校长负责制和"生活记录簿"提交制，实行严格的年龄划分。这样一方面便于KFA掌握各级足球代表队和运动员的情况和数量；另一方面能有效地杜绝"以大打小"和"假球员"等不良现象，净化校园足球发展环境。KFA对各级校园足球代表队的训练和比赛时间也有严格规定，明令禁止利用上课时间开展训练和比赛活动，禁止学期中进行集训，周末联赛和各种锦标赛、杯赛要安排在周末和假期中进行。

由KFA和各级校园足球联盟共同主办的周末联赛始于2009年，是韩国规模和影响力最大的学生足球竞赛活动。该项赛事分为两个阶段进行，第一阶段利用周末时间（大学联赛除外）先进行各区域之间的联赛，每个区域由8~12个队实行主客场循环赛，排出名次；第二阶段为每年10~11月进行的"王中王"决赛，参赛队伍为各区域间进入决赛圈的队伍，一般是大学32支队伍，其他各级学校64支队伍，比赛采用单场淘汰赛制，最终决出本年度各级校园足球的排名并给予一定的物质和精神奖励。校园足球的各种锦标赛和杯赛属常规赛事，在韩国已经有多年的历史，比赛一般采用淘汰制。通过上述周末联赛和各种锦标赛、杯赛，韩国各级校园足球代表队每年大约能参加40~60场各类比赛，能够有效地提高比赛能力和实践技能。

第三节 德国经验

德国在校园足球发展方面最成功、最典型的经验为"天才培养计划"。德国青少年"天才培养计划"由德国足球联盟（DFB）发起，主要目的为促进足球在校园发展，加强德国青少年足球运动员人才队伍建设。首先，建设德国足球后备人才信息统一管理系统，保证学校与相关的体育足球俱乐部建立有效的联系，以便快速准确地获取校园中优秀的足球运动员的信息，促进足球后备人才年轻化；其次，缓解德国青少年身体素质下滑、肥胖率居高不下、心理问题出现率居高不下的问题。为此，俱乐部、足球协会与学校以此次改革为契机，发展学校体育活动，使青少年能够在体育活动中获得自尊和自信，从而提高身心健康水平，增强社会适应力与凝聚力。该项改革的实施分为三个阶段：基础培养阶段、天才培养阶段、精英培养阶段。其中，青少年培养阶段为基础培养阶段和天才培养阶段。德国足球协会在实施"天才培养计划"过程中，建立了一套完善的培养系统，该系统囊括三个培养阶段的同时，也包括国家队与U级球队的训练标准[1]。

一、基础培养阶段

在基础培养阶段，足球人才培养计划主要是面向学校和业余俱乐部，培养对象以3~9岁的儿童为主，主要依托教师和教练的实践引导，达成基础培养的目的。在基础培养阶段，由于教育对象在足球理解和认知能力上存在不足，培养方式更倾向于具有多元性、趣味性、娱乐性，学校、协会、俱乐部等多方之间的合作也比较多见。具体到培养内容上，主要是对儿童的球性、运动能力、兴趣热情进行一定程度的培养。随着年龄的不断增长，逐渐增加比赛规则、足球自信心、性格完善等方面的教育内容，为3~9岁的儿童提供体育活动的平台。在后期，会着重加强对球类运动特点的认识与学习，让教育对象通过比赛获得自信与自尊，提高创造力、信心与勇气等心理素质，且促进他们互相协作，通过简单的规则让他们体会到足球活动的魅力，进而为足球运动生涯发展奠定良好的基础。

---

[1]李杰. 从德国足球的成功经验探讨构建中国青少年足球人才的培养体系［J］. 中国学校体育（高等教育），2017，4（4）：48-52.

二、天才培养阶段

天才培养阶段强调以地区培训基地、精英学校与技术中心为主要载体，面向的对象主要是9~15岁的青少年，他们也是校园足球运动中重点培养的对象。首先，足球管理部门会对该年龄段的学生进行选拔，通过集中训练的方式，不断筛选具有足球天赋的青少年，针对其进行个别突出培养，并且将青少年足球人才的挑选范围扩大至德国全国每个地区都建设有足球人才的挑选基地，使青少年足球运动员达到学习与运动两方面同步发展的要求，为将来国家队输送高级足球人才打下基础。目前，在德国，共有接近400个足球培训基地，其承担的主要职能就是为辖区内的青少年，尤其是爱好足球的青少年，提供接受专业训练的机会，有利于及时发现优秀的足球人才。在培训内容的选择上，地区培训基地的培训重点在于足球竞技所需要的基础技巧，如一对一攻防能力、射门与传球的正确姿态、个人在团队中的定位等。其培训原则是以个体为单位进行技战术培训，但是更要重视团队合作，并在每个训练阶段中注重个人天赋的发掘。作为最基础的天才培养阶段的构成部分，地区培训基地与俱乐部和足球协会的资料档案需要通过协调员进行更新，并加入数据库，使俱乐部与足球协会的教练可以随时查询到需要的球员信息，进而更好地掌握每个运动员的训练投入、运动特点和进步情况。

三、精英培养阶段

在精英培养阶段，德国对足球人才培养质量的要求提升到一个新的高度，对优秀足球人才的选拔标准也会随之提高，这时足球人才主要通过精英学校、俱乐部、地区人才培养基地选拔。该阶段主要的培养对象是16~20岁的青少年，主要以培养德国顶级国家足球运动员为目标，直接由德国后备人才竞训中心负责，由高质量的专业足球教练员为青少年制定完备的足球培训计划、优良的训练方案，并为其提供一系列完整的医疗卫生设施，强调通过创新、强化、系统的足球专项训练，为德国年轻足球运动员和后备足球人才把控质量关，为德国国家队源源不断地输送新鲜血液，是德国各地区足球天才成长的起点[1]。

---

[1]王崇喜.足球教学设计[M].北京：高等教育出版社，2009.

四、顶级足球培养阶段

作为"天才培养计划"培养系统中唯一一个不是培养阶段的层面,该阶段属于德国 U15 至 U20 各级国家球队的基本入门阶段。在该阶段中,需要年轻球员养成团队合作精神,不断向老队员学习,进一步规范比赛技巧、训练动作及生活中的行为举止,逐渐成为更年轻球员的榜样。该阶段的主要目标是将年轻球员打造成一流的专业性职业球员。重视培养球员对世界性国际大赛的获奖的荣誉感、获胜心,以及职业球员的职业技能,为国内年轻优秀足球队员做好表率,进而营造出良好的足球运动环境和竞技氛围。

第七章 校园足球可持续发展的战略制定

第一节 校园足球可持续发展的理论基础

一、可持续发展理论

可持续发展理论应用在不同领域，在我国校园足球发展中，其内涵和实质有着显著的区别。可持续发展在社会发展领域的研究以社会公平、利益均衡等为主，该领域研究的核心在于要合理地平衡社会的公平发展与经济效率的提高，这也是社会发展领域可持续的重要判断依据。校园足球的可持续发展，可以间接地促进社会的公平性，提高经济的稳定性，因为校园足球中的足球运动精神可以培育学生形成公平的意识，而校园足球赛事具有一定的观赏性可能带动社会经济的发展。

在对校园足球可持续发展理论进行研究时，如果将其作为一个系统，那么这个系统就是由一定的要素所组成的[1]，并具备了一定的层次和结构，同时，通过与外界环境相互关联而产生了一定功能的整体。这个系统所具有的整体功能要远远大于系统内部各个构成要素或各个组成部分的功能之和。但当这个系统所具有的整体稳定性与实践需要不相适应时，可以通过改善系统内部的局部要素，来促使这个系统由量变转变为质变，从而建立起与人们期望相符合的系统。

---

[1]贺涛.对当前校园足球发展的扶持和管理目标思考［J］.湖北科技学院学报，2018，38（5）：133-136.

二、运动竞赛理论

(一) 运动竞赛学的内涵

作为体育科学中的一个分支学科,运动竞赛学是将运动竞赛的组织与实施作为研究对象,以体育竞技学、体育经济学、体育法学、运筹学、计算机科学等学科的基本理论为基础,通过对运动竞赛的筹划、组织、实施,研究竞赛规程与规则、竞赛裁判队伍的管理手段等内容,揭示运动竞赛活动组织与实施过程客观规律的一门综合性学科。

运动竞赛学主要研究如何筹备、策划、组织和实施运动竞赛活动,以及研究影响运动竞赛筹划、组织与实施的参加者及软件、外部环境及硬件等因素。其中,运动场地、器材、设施等属于外部环境及硬件;而运动竞赛的组织者、实施者、筹划者、运动员,以及运动竞赛工作软件等属于参与者及软件。结合运动竞赛的规律、特点与竞赛目的,来研究科学、合理地筹划、组织和实施运动竞赛方案,可以最大限度地提高工作效率。此外,运动竞赛相关各个方面,如运动竞赛的竞赛制度、竞赛体制、竞赛之间的关系及竞赛环境等,都是运动竞赛学最为基本的研究范畴。运动竞赛学相关理论的科学构建,必须要对运动竞赛学的基本研究范畴和运动竞赛过程的基本矛盾有一个正确的认识。

(二) 对运动竞赛学研究范畴的基本认识

1. 运动竞赛体制

运动竞赛体制是保障运动竞赛顺利开展的各种竞赛法律、法规和竞赛制度的总称。通过推进各种运行机制及竞赛领域中的各种资源的高效流动,运动竞赛体制可以为完善运动竞赛体系结构,实现其功能提供重要保障。运动竞赛体制是在运动竞赛活动中形式策划、安排、约束等管理职能实现的前提和基础。

2. 运动竞赛制度

运动竞赛制度是以运动竞赛活动为基础而形成的规范体系的总称。根据起源与功能,竞赛制度可分为原生性的竞赛制度和派生性的竞赛制度两种。每种竞赛制度体系都是在特定的运动竞赛中逐渐产生、发展和完善的,而原生性的竞赛制度是运动竞赛的结构体系。从运动竞赛结构体系中派生出来就是派生性的竞赛制度，如运动竞赛规则、裁判员等级制度、运动员等级制度等。从狭义的角度来看，原生性的竞赛制度就是制度化的运动竞赛。从目前来看，原生性的竞赛制度主要分为两大类，即（等级）联赛制度和赛会制度。（等级）联赛制度在大多数球类项目中有着广泛的应用，通常采用升降级制度和积分排名；赛会制度主要包括单项运动竞赛制度和综合性运动竞赛制度两种。派生性竞赛制度是指由原生性竞赛制度所派生出来的各个具体的规章制度的总称。

3. 运动竞赛间关系

衔接和冲突是运动竞赛间的两种关系。这两种关系是同时发生的，而非独立存在，它们存在于整个竞赛体系及其所涉及的全部领域之中。只有遵循竞技水平的分布规律，才能实现竞赛间的有效衔接。而纵向上的联系是这种竞赛间衔接关系的主要表现。按照竞技水平从低到高的递进关系，在整个的竞赛体系之中，不同的竞赛分别处于不同的层次，并且各个竞赛之间相互衔接。只有在水平和垂直方向上使运动竞赛体制得到最大限度的优化整合和分化，才能建立起结构严谨、衔接紧密的科学化的竞赛体系。竞技者的竞技水平和层次不同，所参加的竞赛也不同，参加与竞技者水平对应的竞赛，才能更好地满足竞技者的竞赛需要。在现代竞赛中，竞赛组织经常采用的竞赛制度是按照年龄和运动水平进行分级的，这一竞赛制度的确立既能表明对竞技水平分布规律的认识是正确的，同时，也能够对竞赛公平原则进行维护。

4. 运动竞赛环境

运动竞赛环境是指竞赛者在运动竞赛过程中，与其有关的周围事物。根据运动竞赛的具体需要，运动竞赛环境可以分为微观、中观和宏观环境。由于运动竞赛项目不同，其对所需要的竞赛场地的要求也是不同的。而这种要求主要反映在时间与空间的规定、器材设施规定、竞赛赛场人员规定等方面。微观环境是指运动竞赛的赛场环境；中观环境是指与赛场较量有着直接关联的周边环境，包括举办地的自然环境、安全保卫、食宿条件、交通服务设施、医疗卫生服务、人文气氛、高科技服务等，这种中观环境也称为比赛赛区环境；宏观环境是指所举办的整个的运动竞赛活动所置于的大背景，包括社会、人文、经济和体育等环境，这种宏观环境也称为赛事环境[1]。

---

[1] 贺涛. 对当前校园足球发展的扶持和管理目标思考 [J]. 湖北科技学院学报，2018，38（5）：133-136.

5. 运动竞赛价值

客体在运动竞赛中，为了能够满足主体的需要而产生的某种效应，即为运动竞赛所具有的价值，是参与者在运动过程中，通过充分利用体力和智力，采取竞争或对抗的方式，在较量的过程中进行优选，从而实现"选优"的社会活动。人们通过参加运动竞赛，能够充分地认识自己所具有的身体能力，并且能够很好地满足自身争胜的心理需求。通过运动竞赛，人们产生联系并友好地交流，丰富了社会生活。

(三) 运动竞赛学对校园足球运动竞赛体系的启示

从运动竞赛学角度来看，校园足球运动竞赛体系属于运动竞赛学科领域中一个具体项目的研究范畴。因此，应该在正确认识校园足球运动竞赛的基本范畴和基本矛盾的基础下，根据校园足球运动竞赛的目的、特点和规律，科学地构建校园足球竞赛体系理论。

第二节 校园足球可持续发展的动力分析

一、体育强国战略的实施

足球运动作为世界上开展最为广泛、最有影响力的体育项目之一，在中国有着良好的群众基础。党的十八大以来，以习近平同志为核心的党中央把振兴足球作为发展体育运动、建设体育强国的重要任务摆上日程。国务院多次召开专题研究部署，下决心把我国足球事业搞上去，这为我国足球改革发展迎来了前所未有的大好机遇。2018年2月，全国青少年校园足球工作领导小组办公室印发的《全国青少年校园足球工作发展报告》中指出，"目前，全国共有校园足球场地51054块。"《2022年全国青少年校园足球工作要点》中提到，将加强校园足球场地建设，在每所校园足球特色学校均建有1块及以上足球场地的基础上，5年内争取实现再新增校园足球场地2万片。要实现这一目标，必须要抓住改革机遇，顺应时代要求，适应新的发展形势，加强对校园足球运动后备人才的培养，以带动和推进足球运动在全国各地改革发展，努力实现足球崛起梦和体育强国梦。

二、足球后备人才的缺失

自 2016 年《中国足球中长期发展规划（2016—2050》施行以来，我国在政策上更加重视对足球人才的培养，但国内足球水平并未实现稳步提升。其最大原因是我国一直急缺优秀的青少年足球后备人才。以 2018 年世界杯预选赛为例，我国是所有参赛队伍中平均年龄最高的球队，反观夺得冠军的法国队，有姆巴佩、帕瓦尔、博格巴、坎特等优秀的年轻球员。进一步分析法国队的球员阵容后可以发现，法国优秀的青少年足球人才不在少数，未来也会涌现出更多的青年才俊，所以，其足球运动的可持续发展能力比较强。而我国有 14 亿的人口，却至今未能培养和输送出足够的优秀的青少年足球后备人才，所以我国的足球改革仍旧有很多值得我们深思的地方。

据相关统计显示，在中国足协注册的球员共约 9 万人，其中青少年注册人数约 3 万人，人员层次具体分为职业球员和半职业球员，而青少年职业球员注册仅有 1500 人左右，与我国目前庞大的青少年足球人口完全不成比例。进一步分析发现，造成这种现象的原因是多方面的，除了足球人才的培养理念严重落后外，各地方的培训机构及当地校园足球活动的开展对顶层的后备人才输送支持力度不够是显然易见的，没能起到良性衔接作用，各地青训体系的发展甚至出现倒退现象，这些都影响我国足球水平的持续性提高和可持续发展。

虽然我国相关部门和领导已经认识到这一问题的存在，全国范围内校园足球发展方面的投入也在不断加大，但是由于很多地方仍旧侧重于文化课教育，足球教学与育人理念严重滞后，家长和学生参与足球运动的热情不高。如何培养和输送优秀的青少年足球后备人才，如何保证这些青少年足球后备人才不流失，以及如何使他们在足球发展的道路上走得更远，仍旧是我国校园足球运动需要重点解决的课题。

三、阳光体育运动的开展

校园足球是推进阳光体育运动开展的有效载体，需要长期坚持。青少年学生良好的体质与健康状况是我国建设人力资源强国和实施人才强国战略的重要基础。自 1985 年以来，我国共进行 8 次全国学生体质与健康调研，从调研结果来看，形势严峻。2021 年公布的第 8 次全国学生体质与健康调研报告显示，我国

"中小学生身体素质下滑趋势开始得到遏制",但是学生体质与健康状况仍然存在许多问题,如大学生身体素质继续呈现缓慢下降,虽然降幅有所减缓;视力不良检出率继续升高且出现低龄化倾向;肥胖和超重检出率继续增加等。

为切实改善学生体质健康水平,树立"健康第一"的指导思想,2006年12月20日,教育部、国家体育总局和共青团中央共同下发了《关于开展全国亿万学生阳光体育运动的通知》,从2007年开始,在全国各级各类学校中广泛、深入地开展阳光体育运动。但在阳光体育运动具体实施过程中,也遇到了多方面的困境,如活动形式单调,学生兴趣不高,场地、经费、师资不足等。2009年,为贯彻《中共中央国务院关于加强青少年体育增强青少年体质的意见》和推进阳光体育运动的开展,国家体育总局和教育部联合开展了校园足球活动。校园足球活动的开展,作为深化阳光体育运动的"配套工程",是推进阳光体育运动深入开展的手段和形式。截至2014年底,全国已有49个国家级布局城市,3个国家级试点县,11个省的82个省级布局城市,注册人数191766万人,近6326多所大中小学的270万名学生参与其中。截至2020年底,全国青少年校园足球特色学校已有3663所,全国青少年校园足球试点县(区)为41个,全国青少年校园足球"满天星"训练营30个,全国足球特色幼儿园2710所。而要想通过足球运动改善学生体质健康水平,并不是一朝一夕之事,需要广泛普及,长期坚持。

第三节 当前校园足球可持续发展的主要问题

一、高收费与资金投入上的不足

在非洲、拉美国家,足球是一项穷人的运动,大多数热爱足球的儿童和青少年都能接受到各俱乐部或足校学校的正规的足球训练,足球成为那些贫家子弟摆脱贫困的一个重要途径,像一代球王贝利和马拉多纳都是这样。但在我国却完全不同,足球运动呈现出"贵族化"趋势,穷人家的孩子很难进入高水平的足球学校,因为大部分的足球学校每年都会收取高额的学费,这对我国很多的家庭来说是负担不起的,致使很多有天赋、能吃苦的足球苗子过早地被拒之门外。有统计表明,在中国学踢足球的花费远远超过田径、举重、游泳、乒乓球等项目,年均万元的收费标准使学生家长难以承受,从而严重制约了足球学校的招生数量,严重影响了足球后备人才的选材面。随着我国计划经济向社会主义市场经济的转轨,体育的社会化、职业化和产业化道路也必须与之相适应。在这样大环境的影响下,业余体校的人才培养势必受到经济利益驱动,学生训练收费成为必然。

收费训练对足球后备人才的培养是不利的,也不利于对足球运动的普及,必然会有相当一部分有天分的学生因为费用原因而得不到有关足球技术、知识的指导。多年来,业余体校一直向上输送着大批体育后备人才,但是由于受到足球职业化改革及市场经济的影响,特别是各种办学方式的足球学校、足球业余俱乐部的产生,与业余体校竞争生源,再加上奥运战略的影响,使国家办的业余体校开始逐渐萎缩,中小学足球业余训练的规模和数量开始逐步减少[1]。

二、人才培养方案制定的盲目性

随着我国足球职业联赛发展的不断深入和足球社会影响的不断扩大,特别是足球运动员社会地位大幅度的提高和收入的急剧增长,足球成为当前我国体育事业的一个热点,于是大家都一哄而上,盲目办校。目前,部分足球学校针对教练员上岗无资格审查制度,一些非专业球员不经过学校的再教育就被聘到足球学校执教,教练的低水平导致了学员的低水平。此外,许多学校为争夺生源忽视了选拔机制,这一切都为学生质量出现问题留下隐患。当市场出现波动时,那些盲目而上、办学条件差的学校就难免夭折,受损失的不仅是学生个人,还有整个中国的足球事业。近年来,中国足球国际比赛的成绩一直不理想,优秀的后备人才不足,也间接表明了中国过去校园足球人才培养方案上的盲目性、滞后性。

三、足球大环境与校园足球文化的缺失

体育是人类文明酿造出来的一种特殊的文化,足球运动离不开文化的支持。校园足球运动的发展,需要良好的足球文化氛围做保障。同时,良好的足球行为必须要有先进的文化做指导,先进的文化必须要有文明的行为去表现。但是目前足球发展的大环境是比较差的,足球文化的建设严重落后,不能对青少年足球运动发展进行有效指引和约束。例如,随着足球比赛物质奖励的不断丰厚,一些球员为了追求丰厚的物质利益,出现了求"物质"而弃"文化",违纪违规的"异化"现象。这不仅与球员个人素质的低下有关,更重要的是与足球大环境文

---

[1] 王志华,向勇. 我国校园足球可持续发展的现实困境与路径选择 [J]. 体育文化导刊, 2019 (2): 101-105.

化自觉的缺失有关。中国足球大环境"文化自觉"的缺失,让家长"谈球色变",不愿意将孩子送去"趟浑水",导致青少年踢球人数降至历史最低点,严重影响了足球后备人才的培养,校园足球的可持续发展更是无从谈起[1]。

四、应试教育下的学训矛盾

从我国青少年足球运动的开展情况来看,大多数足球学校、俱乐部二三线队伍培养目标存在严重的偏差,只重视运动成绩,轻视了青少年球员的文化学习和思想品德的教育,使全面发展变成一句空话。这种急功近利的培养目标使运动训练与文化学习这一矛盾成为困扰家长的主要问题。由于训练耽误学业,一些家长不同意自己孩子参加足球训练,这对足球后备人才培养来说是一种损失。部分足球体校为追求利益最大化,都明显重运动训练、轻文化培育,从而导致运动员的文化素养较低。这是已延续多年、至今仍未能很好解决的问题。学训矛盾的存在,意味着从事运动训练的机会成本很大[2]。

从我国体育人才培养的成功经验来说,"体教结合"模式是目前培养足球后备人才比较好的一种模式。但现阶段,这种模式在实施的过程中会遇到一些问题:一方面,"体教结合"模式的主要负责单位是教育系统,其工作重心是放在教学方面,加上我国基础教育的实际情况及其与高等教育衔接的特殊情况,学校、家庭、社会都围绕着文化学习的主轴来转动,这种教育现状,制约了"体教结合"模式在短期内得以真正实现。另一方面,体育系统和教育系统缺乏相互协调的机制[3]。

五、教练员等专业人才严重缺失

长期以来,优秀运动员、优秀教练员当师傅教徒弟,徒弟又教徒弟的模式,已为足球界所接受和认同。在对足球教练员文化水平调查中,教练员文化水平一栏里,运动员退役、中专、大专以上各占三分之一。教练员文化水平不高,严重

---

[1] 周西,孟凡强. 校园足球可持续发展的若干理论问题思考[J]. 体育世界(学术版), 2017 (1): 105-107, 114.

[2] 李卫东,郭潇,肖辉. 基于实地调研对我国小学足球后备人才培养之理性思考[J]. 南京体育学院学报:社会科学版, 2011, 25 (3): 113-117.

[3] 刘彦平. 体教结合视角下我国青少年校园足球可持续发展的措施分析[J]. 体育科技, 2020, 41 (5): 134-135.

影响了足球后备人才的培养。不仅如此，在我国现有的中小学校园里，负责足球教学与训练的多是现有的体育教师，而他们并不是足球专业出身，对足球运动规律和训练科学的掌握也停留在初级层面，加之大部分体育教师本身还有教学任务，没有更多的精力顾及业余训练，所以很难为在校学生的足球学习与训练提供科学的指导，很多学生错误的足球观念和行为习惯得不到及时的纠正与指导。而专业的、高素质的足球运动教练员队伍的培养和建设是一个长期工程，不是可以一蹴而就的，这也是我国校园足球人才培养的一大困境。

六、校园足球普及率与成材率比较低

由学校来培养足球后备人才，一定程度上缓解了学生的训练与学习的矛盾。但其在发展过程中也存在一些问题，导致校园足球普及率与成材率比较低。例如，学校在培养目标、训练大纲、年龄衔接、评估指标、输送和竞赛体制方面都尚不完善。同时，在训练条件、训练经费、场地器材等方面尚难以适应培养优秀足球后备人才的需要，影响了大部分学生参与足球专业训练的热情。

一些培养单位在招生时作出关于学生将来出路的承诺，如培养单位自己组队参加乙级联赛和推荐输送学生到全国各甲级足球俱乐部。由于我国职业联赛需求运动员人数有限，大部分学生将无缘职业足球，面临另择出路的局面。由于这些学生在学校时以足球训练为主，耽误了文化课的学习，毕业后就业面狭窄，事业发展后劲不足。当学生和家长发现他们的努力达不到预期的目标时，培养单位就会遭受信任危机。整体而言，足球运动训练时的高成本、高投入，与较低的成材率形成了很大的反差，这也是影响校园足球普及率的重要因素，导致我国校园足球的可持续发展缺乏有效的社会推动力。

第四节　校园足球可持续发展的主要影响因素

一、人力资源因素

（一）学校管理者对校园足球后备人才梯队建设的影响

学校是学生接受教育的主要场所，学校管理者的理念不仅影响学校的发展，也影响在校的每位学生的发展。学生是学习的主体，是独特发展的个体，是具有

独立价值的人。学校领导者必须坚持以人为本的教育理念，重视学生德智体美劳的全面发展，不再以成绩和升学率全部，关注学生的体质健康，培养学生爱运动、爱锻炼的习惯，从而提高学生自身身体素质，尤其是将足球运动作为学校体育教育的重要内容之一，应该受到学校领导的大力支持，并为学生营造良好的足球训练氛围。

在研究中发现，半数以上教师认为校领导非常重视或比较重视学校足球运动，但也有教练员认为校领导对校园足球运动持不太重视或不重视的态度。持肯定态度的校领导遵循学生的个性发展规律，将学生看成是具有独立意义的人，他们的做法不仅有利于学生学业的发展，也促进了校园足球事业的发展。而持否定态度的校领领导仍然局限于只重视学生的智育培养，而忽视学生其他方面的培养，过于强调文化课，重视学生的学习成绩，关心学生的升学率，对学生进行分数至上的单维评价。同时，他们还认为，足球运动是一项非常激烈的具有身体对抗的运动，相关负责人也担心学生在运动中受伤，既影响学生的学习，也害怕带来其他不必要的纠纷。此外，在一些学校，学生的人数在不断增加，但受学校所处地理位置的影响，学校无法扩建教学场地，导致学校的运动场地无法满足学生的基本要求。众多影响因素导致学校的足球运动并没有得到良性发展，未能推动学校足球后备人才梯队建设。

（二）班主任对校园足球后备人才培养的影响

班主任是学生在校学习的主要引导者。班主任除要对学生进行学科知识教育外，还要利用班会和思想品德教育等课程对学生的其他方面进行教育。班主任是学生在校期间接触时间最长的教师，一言一行对学生都具有示范作用，是他们的榜样。

从班主任对学生参与足球运动的态度了解到，对学生进行足球运动持基本赞同和支持态度的班主任占半数以上。这些班主任通常对足球教练的工作积极地支持与配合，关注和支持学生进行足球训练。他们尊重每个学生身心发展的个性因素，尊重每个学生的发展方向。但仍有 1/3 左右的班主任对学生参与足球运动持反对的态度。他们同不支持足球运动的校领导基本一样，重视学生科学文化知识的掌握，重视学生的学习成绩。他们认为，学生进行足球运动会使学生在学习知识时注意力不集中，同时也担心学生在进行足球运动中出现意外情况引起家校矛盾，这种担心阻碍了学生的个性化发展。

二、管理因素

（一）政策的支持力度

国家及地方政策引领着校园足球发展的方向，也能引起社会各界的高度重视，对各地校园足球运动后备人才的培养起着至关重要的作用。1999年6月，中共中央、国务院在《关于深化教育改革全面推进素质教育的决定》文件中首次提出，"教育要以培养学生的创新精神和实践能力为重点，造就'有理想、有道德、有文化、有纪律'的、德智体美等全面发展的社会主义事业建设者和接班人"。随后发布的《国务院关于基础教育改革与发展的决定》《国家中长期教育改革和发展规划纲要（2010—2020年）》等众多文件中都明确强调要将学生培养成德、智、体等全面发展的人，有力推动了教育改革和发展。2019年，中共中央、国务院印发的《中国教育现代化2035》中提出，"增强综合素质，树立健康第一的教育理念，全面强化学校体育工作。"

由此可见，党和国家对学生体育教育和全面健康发展的高度重视。政策的出台与方案的制定为学校体育教育带来了机遇，但仔细梳理这些文件后发现，大多数政策与方案都是针对体育教育、群众体育、全面健身和学生体质健康而定的，专门针对校园足球的文件比较少见，更没出台具体、有效的优惠政策和激励政策，针对校园足球的后备人才选拔、培养、输送的文件不够系统和完善。政策引领不足，校园足球运动后备人才培养就缺乏良好的社会环境和有效驱动力。

（二）校园足球管理机制的建立

在我国当前的教育体制中，校园足球运动能否顺利开展很大程度上受学校领导的影响。能否建立完善的管理机制是决定校园足球发展成败的关键。但是，当前部分学校领导更加重视升学率，升学率直接和领导的业绩挂钩，也能更好地迎合家长的教育价值观，而学校足球工作开展的好坏对学校的声誉、领导的业绩没有太大的影响。如今，学校注重文化课的教育，而忽略体育教学尤其是足球教学，已经成为一种普遍的社会现象。很多学校的足球教学活动不能正常的开展，没有或很少组织相应的足球竞赛活动，校际足球比赛更是少得可怜，有的学校甚至连开展体育运动所需要的最基本的设备和器材都无法保障。这类"短视"思想势必会给足球运动的长期发展带来惨痛的结果，校园足球运动管理工作如果不能有健全完善的管理机制做保障，校园足球运动的开展也就很难保障其基本的实效性。

三、训练因素

体育基础设施是保障体育运动发展的前提条件。如果没有一定规模和质量的基础设施，校园足球运动的发展就缺乏足够的硬件条件保障，足球运动也就很难从整体水平上有所突破和发展。目前，部分中小学校由于受空间条件限制，和地理位置条件影响，横向发展受限，一些学校面临不具备标准、规范的足球训练比赛场地，或原有的足球场被占用的问题。为节省空间，部分学校在原足球场上修建了篮球场和排球场，甚至大部分铺设成了柏油场地。一些条件较好的大学、中学等单位由于一些特殊原因多数不对外开放，即使开放也是有偿的。如何在现有的基础上提高足球场地的利用率和回报率是相关单位亟待解决的问题。

四、竞赛因素

目前，校园足球训练、比赛一般安排在学生放学后或节假日进行，体育教师牺牲了大量的休息时间，投入了很多的精力，但给他们在精神或者物质待遇上提供的鼓励十分少，这很大程度上挫伤了体育教师开展足球活动的积极性。另外，学生在校期间的思想较为单纯，自尊心和荣誉感比较强，在学生经过刻苦训练取得足球竞赛成绩时，给予奖励，他们心里会有非常大的满足感和成就感，这会使他们接下来的足球训练更加努力。但是我国很多地方由于受到资金投入方面的限制，在校园足球竞赛的组织和开展上相对不利，很多地方的校内、校际比赛没有得到很好的组织和开展，很多偏远地区学校的足球比赛很难融入市级、省级校园比赛，加上目前对校园优秀足球后备人才及球队的奖励相对较少，很多学校对组织校园足球竞赛是缺乏足够热情的。

五、文化教育因素

校园足球人才培养所面临的社会环境因素中包括了众多方面，如体育意识、社会文化、教育理念与制度，以及教练员、裁判员、观众的价值取向等。中国传统中有"重文轻武"思想并且影响深远，即使在当代大多数人也赞同这种观点。例如，仍有很多的学生家长认为踢足球是"力气活"，属于不务正业，会影响学习妨碍今后找到一份好工作。因此，家长们极力劝阻孩子踢球。这种观念忽视了足球这项运动对孩子身体素质和健康及意志品质的锻炼与发展所产生的正能量。

整体而言，当下影响中小学学生参加足球活动的主要因素是来自学业上的压力，这与中国传统教育的价值取向是分不开的，"万般皆下品，唯有读书高""学而优则仕"等儒家教育思想从古至今依然占据主导地位。同时，绝大多数学生依然只有通过中考才能进入好的高中学校，只有参加普通高考才能进入大学，大部分学生都被逼忙于永无止境的题海与功课，很少有时间、有条件参与足球活动，个别学校为了升学甚至会占用一周仅有的几节体育课时间上语文、英语、数学等科目，各学科教师追求高升学率也会留给学生大量的课外作业，以此来巩固学生的文化学习，使其取得理想成绩。过重的学业会使学生进行足球运动的时间十分有限。此外，无论是学校、体校，还是足球俱乐部都将比赛成绩作为评价教练员水平高低的唯一标准。在这样的"锦标主义"背景下，容易导致青少年在训练中完全依照教练员的追求"锦标"的意图行动，缺少主动思考，在比赛中很难发挥个人的想象力和创造力。

六、经费投入因素

国家及地方经费支持是校园足球运动后备人才培养和发展的重要物质保障，经费在一定程度上影响着学校足球运动的场地设施的完备情况、家长的支持程度、教练员及学生进行足球运动的积极性等多方面。经费的保障对校园足球运动后备人才的培养起着非常重要的作用，但从实际情况来看，全国各地学校对校园足球的经费投入是参差不齐的，很多学校校园足球的经费目前主要还是以家长自费为主，教育部门和学校的专项拨款为辅。

家长出资让孩子在校接受足球训练在我国是一个较为普遍的现象，但在英国、德国等发达国家，通常是由政府或社会企业、产业俱乐部支出大笔经费来修建足球训练场地、提供专业的足球教练，对学生进行免费的足球训练。在足球训练的过程中，一旦发现孩子有足球方面的天赋和潜力，则将他们输送到更高一级的培训组织机构，接受更为高层专业的训练。因此，我国的校园足球板块需要借鉴国外的青训足球训练的先进经验，加大对足球运动的财政支出，通过国家或者地方财政拨款及社会企业、产业俱乐部赞助等方式保障足球运动场地设施、学生训练计划及外出参加比赛的资金，提高教练员和学生参与足球训练的积极性。

第五节　校园足球可持续发展战略的科学制定

一、国家层面

（一）"摸着石头过河"与"加强顶层设计"相结合

对于校园足球的发展来说，"摸着石头过河"就是要在发展的过程中探索规律，从实践中获得在青少年中广泛开展校园足球的方法。固然国外有成熟的校园足球发展模式供我们借鉴，而且国内其他运动项目也有发展的成功经验可以参考，但是绝不能照抄照搬这些模式和经验。各国在教育体制、文化氛围、观念意识等多方面都有很大差异，加之足球后备人才培养的长期性和复杂性，所以，在实现校园足球可持续发展的过程中，在充分借鉴国外校园足球发展和国内其他运动项目发展的成功经验的基础上，一定要将这些成功经验与我国国情相结合，与足球后备人才培养的规律相结合，在实践中不断探索适合我国国情的校园足球发展模式。

加强校园足球的"顶层设计"，关键要做到两点。一是要明确校园足球发展的总体目标和方向，做到有的放矢。校园足球的发展要以国家政策为导向，确保制定的校园足球的相关政策和措施符合国家的基本方针政策，要从校园足球可持续发展的长远角度考虑，高度重视青少年身心素质的培养和足球知识和技能的普及，避免功利主义和"锦标主义"。二是要运用创新性思维来指导校园足球的发展。校园足球的发展既有全国普遍性的特点，各地区、各布局城市和足球特色学校又由于在经济、环境、师资队伍等方面条件各不相同，在开展校园足球的组织形式和方式上有很大的差异性。此外，我国具有规模庞大的各级各类在校生，一方面决定了校园足球的推广和普及具有其他国家和地区所没有的广泛性特征；另一方面，要想通过开展校园足球提高学生身心素质和培养足球后备人才，目标和内容具有其他国家和地区所没有的复杂性特征。为此，需要与我国国情和实际需要相结合，大力推进校园足球可持续发展的理论创新，对校园足球可持续发展的指导思想、基本理念、操作方式等进行专题研究，编制符合我国青少年身心发展规律和特点的校园足球培训教材，总结各布局城市、足球特色学校开展校园足球的成功经验，逐步探索出一条行之有效的中国校园足球可持续发展之路。

(二) 始终调控校园足球普及与提高的平衡

足球后备人才培养的长期性和复杂性，以及极低的成材率，决定了我国开展校园足球的首要目的是使孩子身心健康成长，让他们能够享受足球运动带来的快乐。随着足球运动在青少年中的广泛普及，出高水平的足球后备人才应该是水到渠成的事。因此，在校园足球开展的过程中，要始终调控好普及与提高的平衡，一定不要比赛成绩看得过重，将校园足球的广泛普及作为首要工作扎实开展，积极推进校内比赛，增加校内比赛场次和参赛队伍数量，提高校园足球人口数量，在广泛普及的基础上促进高水平足球后备人才的涌现，统筹设计和考虑四级联赛的形式、规模及其他各方面，这样才能有效推动校园足球广泛深入持续开展。

二、城市层面

(一) 构建完整的城市校园足球组织机构

城市校园足球发展的组织机构，是全国校足办的下属单位，应参照国家层面的校园足球领导小组进行组织机构设置，由当地教育、发展与改革、财政、新闻宣传、体育、共青团等组织共同构成领导有力、运作高效的组织机构，形成推进地区校园足球可持续发展的组织保障。各组织机构的主要职能是：研究制定本地区校园足球发展的指导思想、实施规划、年度工作计划；指导足球特色学校广泛普及和开展校园足球；组织好各级校园足球竞赛活动和师资、教练员培训工作；组织好校园足球经验交流和理论实践研究；加大宣传力度，吸引社会力量，争取经费支持等。

(二) 加强城市校园足球师资的培训和引进工作

专业的师资队伍在校园足球发展中具有非常重要的作用，各城市及足球特色学校校园足球可持续发展的效果与教练员的执教水平和工作积极性密切相关。虽然国家层面对各地管理干部和教练员、指导员进行了大量培训，但是仍然不能有效地缓解校园足球专业人才的短缺和水平不高的问题，而且通过组织每次3~5天短期的业务培训来提高他们的专业水平是不现实的。因此，各城市要结合本地实际情况，一方面，利用寒暑假对校园足球教练员和指导员进行为期较长的初级和中级培训，聘请足球专家、教授、退役运动员等，培训现有师资队伍，提高其理论和实践方面的专业素质，还可以充分利用"国培计划"的契机，将体育教师、教练作为培训重点，切实提高他们开展校园足球的理论水平和实践能力。另一方面，可在学校体育教师招考和聘任时优先考虑具有足球专业知识背景的教师或教练员。

（三）组织开展具有城市特色的校园足球活动

各城市应结合本地区资源优势，开展具有地区特色的校园足球活动。活动的开展应以贴近现实、注重实效为原则。所谓贴近现实，是指所开展的校园足球活动符合各年龄段青少年身心发展的特点。所谓注重实效，是指让青少年通过参加校园足球活动，提高他们的身心素质，吸引和调动身边更多的青少年参与校园足球。在这一方面，有些城市已做了有益的尝试，如大连的"绿荫工程计划"、上海的"校园足球节"等，值得各地学习借鉴。

三、学校层面

（一）小学阶段开展校园足球的建议

1. 坚持"健康第一"的足球运动开展理念

校园足球在小学阶段的开展，应以培养青少年儿童的体育意识，普及足球运动的知识和技能，以提高他们的身心素质为重点，切不可过分地看重比赛成绩，要将"健康第一"的理念贯穿其中。足球发达国家有关青少年足球运动员的选材研究也表明，在制定发现青少年儿童运动人才的计划时，都要淡化比赛成绩，强化兴趣与动机的培养，倡导快乐足球。同时，要让社会各界给予足球运动正确合理的评价，通过足球运动让学校领导、家长、学生真正领会和认识其中的价值和意义，树立正确的体育价值观和形成体育锻炼的良好习惯，最终营造社会、学校、家庭共同关注足球的良好氛围。

2. 广泛开展丰富多彩的校园足球趣味活动

小学阶段的儿童兴趣不稳定，意志比较薄弱，在足球教学中如果教学方法单一，内容枯燥，不但不会引起学生的兴趣，相反会使他们感到厌倦。因此，日常足球教学和活动的开展过程中应注意根据小学生心理特点，多选择具有趣味性的足球游戏，如"抢圈""运球接力赛""网式足球"等，让孩子在和谐欢快的课堂气氛中充分感受到足球所带来的快乐。在开展小学高年级足球教学和活动时，可采用荷兰青少年足球训练常用的"小型比赛"的方式，即3V3、4V4、5V5等比赛形式，这种小型比赛包含了正式足球比赛应有的要素，如球、同伴、对手、球门、空间、规则，是一种简化的足球比赛，在青少年的足球意识和技能的培养方面作用突出。

3. 形成多主体参与的校园足球发展合力

学校校长要积极创造条件为开展校园足球提供保障，校园足球教练员应与家长密切合作，综合利用各种手段和方法，共同为孩子的发展创造良好条件，同时教练员要争取家长的理解和支持。没有校长、教练员、家长和孩子的共同参与，校园足球可持续发展难以取得成效。因此，要建立形成校长、教练员、家长和孩子等多主体参与、共同促进校园足球发展的合力，校长和教练员居于学校开展校园足球的主导地位。一方面，学校应该主动采取多种措施向家长和孩子介绍宣传参与体育锻炼和足球活动的益处，例如采用家长会、专题报告会，家长学校等形式进行宣传；另一方面，学校可邀请家长对训练，竞赛活动进行观摩指导，进一步充实、强化校园足球。

（二）中学阶段开展校园足球的建议

1. 在广泛普及的基础上丰富校内足球竞赛活动

在实地走访调查部分足球特色学校时发现，许多学校缺乏真正意义的校内足球活动，而仅对部分具备足球特长的学生进行训练，进而组队参加校外竞赛。而在校园足球的普及程度上严重不足，没能形成"班班有队""周周有赛"的局面，这种重提高、轻普及的做法严重背离了校园足球"在青少年学生中普及足球知识和技能，形成校园足球文化，从而培养全面发展、特长突出的青少年足球后备人才"的指导思想。因此，新一轮校园足球的开展要高度重视在学生中的普及和校内足球竞赛活动的开展。

2. 加强校园足球文化建设和足球校本课程的开发

校园足球文化建设作为校园精神文明建设的一个重要方面，担负着宣传校园足球，增强青少年的体育意识和兴趣的作用。各足球特色学校可根据本校的地理环境、办学条件等因地制宜地开展校园足球文化建设，如制作标语、图片展、广播录像，开展足球知识竞赛和足球趣味活动等以提高同学们参与足球活动的积极性。同时，为实现体育项目特色建设，应鼓励各足球特色学校根据国家或地方制定的课程纲要和校园足球开展的相关文件精神，结合学校的特点、条件及可以开发利用的资源，研究开发具有本校特色的足球校本课程，使理论和实践相结合，进一步提高足球运动的吸引力。

(三) 大学阶段开展校园足球的建议

1. 充分发挥高校的资源优势

高校相对于中小学来说具有较完备的师资和场地，且在校生人数相对较多，升学压力相对较小，在校园足球的普及方面具备较大优势。各高校应借当前加强高校体育工作和全国大力开展校园足球的契机，联合学生管理部门、共青团组织和学生社团等，充分发挥本校资源优势，将普及开展足球运动、提高大学生健康素质纳入学校发展规划中，促进大学生全面健康成长成才。

2. 创新人才培养模式，做好体教结合的大文章

当前的体教结合在培养高水平运动员方面仍具有很大缺陷，部分高校成为退役或现役运动员的"归宿"而非冠军的"摇篮"，如何探索创新竞技体育人才培养模式，真正做到体教结合，值得共同研究。面对外界的种种质疑，国内部分高校就足球运动员的培养做出了成功的探索，如三峡大学"一贯制"培养模式，将高水平足球运动员的培养方案分为三个阶段：青少年学习阶段、大学实践阶段、俱乐部成熟阶段，各阶段根据球员的年龄有针对性地进行训练内容的安排，最终实现培养"具有良好综合素质的高水平运动员"。湖北大学五人制足球队与武汉地龙俱乐部合作实行"校企结合"的足球人才培养模式，不仅为国家输送了多名五人制足球运动员，而且该球队多次问鼎国内各项五人制赛事，在国际赛场也取得了较好的成绩。

3. 选聘高水平教练执教，提升训练水平

教练员在运动训练中居于主导地位，是运动员能否进一步提高运动成绩的关键。目前，执教校园足球的教练员绝大部分都是所在学校的体育教师，虽有系统的体育知识和丰富的教学经验，但普遍缺乏指导高水平运动员的经验，这也成为制约当前校园足球向更高水平发展的一个重要因素。鉴于此，高校一方面要加强内部高水平教练员的培养工作，另一方面要注重外部高水平教练员的引进工作，实现高校校园足球教练员队伍的不断健全和完善，更好地服务于高校足球后备人才的培养需要。

参考文献

[1] 王晶，王冬冬. 校园足球后备人才的培养现状及基本方略研究 [J]. 体育科技文献通报，2018，26（3）：9-11.

[2] 董子萌. 小学生足球启蒙教育研究 [D]. 开封：河南大学，2017.

[3] 张志武，苏长来，刘占鲁. 中国青少年足球运动员培养的目标人群定位及模式研究 [J]. 首都体育学院学报，2017，29（1）：49-52.

[4] 王一然. "校园足球"式新型运动员培养模式发展路径初探 [J]. 山东体育学院学报，2017，39（5）：77-80.

[5] 彭茂发. 健康中国背景下足球对儿童身心健康发展的影响 [J]. 中国教育学刊，2020（1）：77-78.

[6] 刘婷. 青少年足球后备人才可持续化培养的困境与破解 [J]. 山东体育科技，2020，42（3）：47-50.

[7] 田慧，王敏，亓顺红，等. 欧洲优秀足球后备人才培养模式与启示 [J]. 体育科学，2020，40（6）：16-23.

[8] 姜身飞. 上海市杨浦区校园足球开展现状与发展研究 [D]. 上海：上海体育学院，2011.

[9] 李纪霞，何志林，董众鸣，等. 全国青少年校园足球活动发展瓶颈及突破策略 [J]. 上海体育学院学报，2012，36（3）：83-86.

[10] 张长城，刘裕. "校园足球"内涵的逻辑学辨析 [J]. 嘉应学院学报，2013，31（2）：73-80.

[11] 赵治治，高峰，孙亮，等. 我国青少年校园足球特色学校的建设：概念、特征与反思 [J]. 首都体育学院学报，2018，30（3）：214-218.

[12] 刘夫力. 我国校园足球本质及与实践对接——兼谈校园足球与学校教育的关系思 [J]. 体育学刊，2019，26（3）：78-82.

[13] 张健，谷凤美. 青少年校园足球研究进展、问题与展望 [J]. 皖西学院学报，2020，36（5）：151-156.

[14] 侯学华. 全国青少年校园足球活动价值研究 [J]. 北京体育大学学报，2012，35（12）：

77-83.

[15] 郑萌. 从教育目的与社会责任角度析学校足球的推广意义 [J]. 首都体育学院学报, 2012, 24 (6): 520-523.

[16] 张春合, 李楚穗, 孙晗. 校园足球开展的理论逻辑及时代价值 [J]. 体育成人教育学刊, 2020, 36 (6): 58-61.

[17] 郭庆, 元文学. 立德树人背景下校园足球的道德内化价值及实现路径 [J]. 沈阳体育学院学报, 2021, 40 (2): 52-58.

[18] 毛振明, 刘天彪, 臧留红. 论"新校园足球"的顶层设计 [J]. 武汉体育学院学报, 2015 (3): 58-62.

[19] 张廷安. 我国校园足球未来发展中应当确立的科学发展观 [J]. 北京体育大学学报, 2015 (1): 106-113, 131.

[20] 黄德沂, 丘乐威, 焦峪平. 完善我国青少年校园足球培养体系的对策研究 [J]. 体育文化导刊, 2014 (6): 124-127.

[21] 苏莉, 邓星华, 姜令颂. 我国校园足球回归教育本真的理性思考 [J]. 体育文化导刊, 2017 (8): 155-159.

[22] 曹宏俊. 我国校园足球的现实困境与发展路径 [J]. 体育文化导刊, 2018 (2): 115-119.

[23] 李伟, 林伟华, 吴连荣, 等. 三位一体: 激励相容视角下校园足球推进策略思考 [J]. 广东技术师范大学学报, 2020, 41 (6): 95-100.

[24] 陈洪, 梁斌. 英国青少年校园足球发展的演进及启示 [J]. 体育文化导刊, 2013 (9): 111-114.

[25] 陈栋, 李博, 贺新奇, 等. "质量特许计划"对英格兰青少年足球的影响及启示 [J]. 体育文化导刊, 2017 (12): 82-86.

[26] 陈强, 陈晓燕. 校园足球发展模式与可持续发展研究 [J]. 体育世界 (学术版), 2019 (12): 59-60.

[27] 刘彦平. 体教结合视角下我国青少年校园足球可持续发展的措施分析 [J]. 体育科技, 2020, 41 (5): 134-135.

[28] 张帆. 关于《中国足球发展改革总体方案》的探析——基于青少年足球视角 [J]. 体育成人教育学刊, 2015, 31 (5): 53-54.

[29] 周酉, 孟凡强. 校园足球可持续发展的若干理论问题思考 [J]. 体育世界 (学术版), 2017 (1): 105-107, 114.

[30] 李卫东, 郭潇, 肖辉. 基于实地调研对我国小学足球后备人才培养之理性思考 [J]. 南京体育学院学报 (社会科学版), 2011, 25 (3): 113-117.

[31] 李杰. 从德国足球的成功经验探讨构建中国青少年足球人才的培养体系 [J]. 中国学校体育 (高等教育), 2017, 4 (4): 48-52.

[32] 刘晓宇，张立军．日本青少年足球人才培养对中国足球的启示［J］．湖北体育科技，2012，31（2）：129-131.

[33] 郎健，王长权，王健，等．构建中国学校足球人才培养模式的对策研究［J］．沈阳体育学院学报，2014，33（1）：118-121.

[34] 彭赵洪．开展校园足球对足球后备人才培养的影响分析［J］．教育现代化，2018，5（39）：27-28.

[35] 黄山，薛鹏，黄勇．我国校园足球可持续发展的若干问题研究［J］．河北体育学院学报，2019，33（2）：66-69.

[36] 王志华，向勇．我国校园足球可持续发展的现实困境与路径选择［J］．体育文化导刊，2019（2）：101-105.

[37] 高文倩，王钰涵，王姣灵．上海市校园足球联盟中小学足球师资培训研究［J］．体育科技文献通报，2019，27（3）：75-76，102.

[38] 张博峰．校园足球背景下国家足球后备人才体系建设理论综述［J］．武术研究，2016，1（5）：143-145.

[39] 毛振明，席连正，刘天彪，等．对校园足球的"路突破"的理解与深入——论"新校园足球"的顶层设计之三［J］．武汉体育学院学报，2015，49（11）：5-10.

[40] 蒲毕文．足球青训体系改革发展现状与对策研究——以广州市为例［J］．体育科技，2017，38（2）：23-25.

[41] 规划编制小组．中国足球中长期发展规划100问（2016—2050年）［M］．北京：北京体育大学出版社，2016.

[42] 何志林．现代足球［M］．北京：人民体育出版社，2000.

[43] 袭正伟．体育教学论［M］．北京：北京体育大学出版社，2000.

[44] 王崇喜．足球教学设计［M］．北京：高等教育出版社，2009.

[45] 陈清．中国足球运动百余年发展史［M］．武汉：华中科技大学出版社，2017.

[46] 张达成．足球生涯足球思考［M］．北京：人民体育出版社，2015.

[47] 蒋波．大学体育人文精神重塑——基于身体美学视角研究［M］．北京：人民出版社，2015.

[48] 颜泽贤，范冬萍，张华夏．系统科学导论［M］．北京：人民出版社，2006.

[49] 胡亦海．竞技运动训练理论与方法［M］．北京：人民体育出版社，2014.

[50] 田麦久，刘大庆．运动训练学［M］．北京：人民体育出版社，2011.

[51] 杨再淮．竞技体育后备人才培养［M］．北京：人民体育出版社，2006.

[52] 王民享，吴金贵．现代欧美足球训练理念与方法［M］．北京：北京体育大学出版社，2010.